ponga un Vasco en su vida

Aguilar es un sello del Grupo Santillana

Argentina
Av. Leandro N. Alem, 720
C1001AAP Buenos Aires
Tel. (54 114) 119 50 00
Fax (54 114) 912 74 40

Bolivia
Avda. Arce, 2333
La Paz
Tel. (591 2) 44 11 22
Fax (591 2) 44 22 08

Colombia
Calle 80, nº 10-23
Bogotá
Tel. (57 1) 635 12 00
Fax (57 1) 236 93 82

Costa Rica
La Uruca
Del Edificio de Aviación Civil
200 m al Oeste
San José de Costa Rica
Tel. (506) 220 42 42
Fax (506) 220 13 20

Chile
Dr. Aníbal Ariztía, 1444
Providencia
Santiago de Chile
Tel. (56 2) 384 30 00
Fax (56 2) 384 30 60

Ecuador
Avda. Eloy Alfaro, N33-347
y Avda. 6 de Diciembre
Quito
Tel. (593 2) 244 66 56
y 244 21 54
Fax (593 2) 244 87 91

El Salvador
Siemens, 51
Zona Industrial Santa Elena
Antiguo Cuscatlan -
La Libertad
Tel. (503) 2 289 89 20
Fax (503) 2 278 60 66

España
Torrelaguna, 60
28043 Madrid
Tel. (34) 91 744 90 60
Fax (34) 91 744 92 24

Estados Unidos
2105 NW 86th Avenue
Doral, FL 33122
Tel. (1 305) 591 95 22
y 591 22 32
Fax (1 305) 591 91 45

Guatemala
7ª avenida, 11-11
Zona nº 9
Guatemala CA
Tel. (502) 24 29 43 00
Fax (502) 24 29 43 43

Honduras
Colonia Tepeyac Contigua a
Banco Cuscatlan
Boulevard Juan Pablo, frente
al Templo Adventista 7º Día,
Casa 1626
Tegucigalpa
Tel. (504) 239 98 84

México
Avda. Universidad, 767
Colonia del Valle
03100 México DF
Tel. (52 5) 554 20 75 30
Fax (52 5) 556 01 10 67

Panamá
Avda Juan Pablo II, nº 15.
Apartado Postal 863199,
zona 7
Urbanización Industrial
La Locería
Ciudad de Panamá
Tel. (507) 260 09 45
Fax (507) 260 13 97

Paraguay
Avda. Venezuela, 276
Entre Mariscal López
y España
Asunción
Tel. y fax (595 21) 213 294
y 214 983

Perú
Avda. Primavera, 2160
Santiago de Surco
Lima, 33
Tel. (51 1) 313 40 00
Fax (51 1) 313 40 01

Puerto Rico
Avenida Rooselvelt, 1506
Guaynabo 00968
Puerto Rico
Tel. (1 787) 781 98 00
Fax (1 787) 782 61 49

República Dominicana
Juan Sánchez Ramírez, nº 9
Gazcue
Santo Domingo RD
Tel. (1809) 682 13 82
y 221 08 70
Fax (1809) 689 10 22

Uruguay
Constitución, 1889
11800 Montevideo
Tel. (598 2) 402 73 42
y 402 72 71
Fax (598 2) 401 51 86

Venezuela
Avda. Rómulo Gallegos
Edificio Zulia, 1º. Sector
Monte Cristo. Boleita Norte
Caracas
Tel. (58 212) 235 30 33
Fax (58 212) 239 10 51

óscar terol

ponga un Vasco en su vida

Torrelaguna, 60. 28043 Madrid
Teléfono 91 744 90 60
Telefax 91 744 90 93
www.aguilar.es
aguilar@santillana.es

Diseño de cubierta: El Orfanato (www.elorfanato.com)

Primera edición: octubre de 2006
Cuarta edición: noviembre de 2006

ISBN: 84-03-09700-X
Depósito legal: M-48.275-2006
Impreso en España por
Mateu Cromo, S.A. (Pinto, Madrid)
Printed in Spain

Índice

¡Advertencia! TX = CH

Estimado lector:

Para la perfecta comprensión de las páginas que suceden, le queremos advertir de que, en algunas ocasiones, aparecerán palabras escritas con *tx* en lugar de *ch*, como, por ejemplo, pintxo. Al leerlo tiene que pronunciarlo como: *pincho*. *Tx* en euskera representa el sonido *ch*. ¿Quiere esto decir que ya sabremos euskera al terminar el libro? Hombre, habremos dado unos pasitos importantes en el aprendizaje de la lengua vasca, pero nada más. Le agradecemos de antemano el esfuerzo que va a hacer y le animamos a que participe en los innumerables juegos y divertimentos que el libro propone. Es una gozada, igual que visitar un parque temático, sólo que aquí no hay que esperar largas colas ni sacarse fotos con un muñeco horrible que te persigue y se te abraza sin pedirte permiso.

LOS AUTORES

Primera parte

Houston, tenemos un problema

Después de nuestro primer libro *Todos nacemos vascos*, donde le revelamos a usted su origen auténtico, ¿qué más desgracias se pueden añadir en un segundo volumen? Además, en honor a la verdad, hay que recordar nuestra promesa de que aquel desdichado tratado sería nuestro último libro. Y antes de que empiecen a sacar conclusiones precipitadas, como que los vascos no somos gente de palabra y ese tipo de cosas, déjenos explicar el porqué de este ensayo cómico ilustrado.

Uno de los motivos que nos han movido a escribir *Ponga un vasco en su vida* es la responsabilidad; una persona noble y honesta no puede arrojar la piedra y esconder la mano. *Todos nacemos vascos* causó una conmoción tremenda en la ciudadanía: cientos de miles de personas descubrieron que no eran españoles, como les habían enseñado desde niños, ni catalanes, «¿para qué queremos ahora ser una nación?», gritaba la gente por las calles de Barcelona. En definitiva, que no podemos olvidarnos de ustedes, y no crean que es altruismo, no. Muchos se han puesto en contacto con nosotros para reclamarnos indemnizaciones por el daño moral que les hemos causado. Nos llegan facturas de psicólogos, de abogados, de restaurantes, de clases de pádel, hasta de un sex-shop de Murcia —que no sé yo qué tendrá que ver, pero nos ha llegado—. Y aunque el libro en cuestión se vendió francamente bien —si no lo digo reviento—, no es suficiente para pagar el desaguisado. Así que hemos decidido escribir un segundo libro para hacer frente a los gastos —la factura del sex-shop no está claro que la paguemos, ¿eh?—. Con este libro seguramente no conseguiremos compensar los agravios morales; tan sólo aspiramos a saldar las deudas y cumplir nuestra promesa de dejar el oficio de Cervantes en mejores manos. No queremos convertirnos en escritores profesionales, en autores modélicos para una editorial; seres sin escrúpulos comerciales, capaces de escribir cualquier cosa con tal de que sea rentable. Imagínense los títulos que podrían salir de nuestras mentes rellenas de queso: *Alatriste nació en Bilbao; El ombligo Da Vinci; ¿Quién es el anoréxico que viajaba con Sancho Panza?*, etcétera.

Pero el tema económico, a pesar de ser importante, no es el motivo principal por el que hemos decidido acometer la secuela. Hay que ir a buscar el origen a Houston*.

* Ciudad norteamericana en la que es mejor no tener cita con un médico.

Houston, tenemos un problema

Por todos es conocida la fama que tiene Houston de ser una ciudad avanzada en ciencia y tecnología. No sabemos si la fama es merecida o no, pero lo cierto es que «Houston» suena a que te pueden quitar el bulto malo si tienes dinero, no me digan que no. «Houston, Houston, Houston...». Si hasta lo dices varias veces y te sientes mejor. Hagan la prueba cuando estén solos en casa. En esto de la hipocondría es muy importante la sonoridad de las palabras porque nadie en su sano juicio iría a hacerse un reconocimiento médico, por ejemplo, a Orlando, o peor aun, a Wyoming: no suena serio. En estas localidades seguro que, de cada cuatro inyecciones, tres pinchan hueso. Hombre, a un cuñado mío le sacaron los ojos y el riñón derecho en Las Vegas, en una noche y sin anestesia, con la técnica Black Jack, pero ése es otro tema. Volvamos a Houston, la ciudad de la NASA, de los hospitales romería y de Conrad Aguirre, nuestro hombre.

¿Quién es Conrad Aguirre? Es un catedrático de antropología de la universidad más importante de Houston, tiene cincuenta y muchos años, pelo blanco en el pecho y, en la cabeza, un sombrero que le ha puesto el Gobierno de Estados Unidos porque hace unos años, mientras paseaba por el campo, el brillo de su calva cegó al piloto de un avión cuando realizaba las maniobras de aproximación, lo que causó un aterrizaje forzoso. No es guapo, lo que se dice guapo, pero tiene todos los dientes blancos y alineados, y se le lee todo el Klabin Klein de la goma de los calzoncillos incluso estando de pie; vamos, que todavía tiene un buen polvo el cabrón. Aparte de su labor como docente, se ha dedicado toda la vida al estudio del origen de las diferentes culturas del mundo. Hasta aquí todo es normal; o sea, que nos importa tres pares de pelotas la vida de este yanqui, ¿no? Es lógico, pero falta un dato. Nuestro amigo Conrad encontró en el asiento trasero de un taxi de Houston un ejemplar abandonado de nuestro primer libro *Todos nacemos vascos*. Por lo visto, se lo debió de dejar un torero español que andaba con prisa aquel día. Nuestro antropólogo lo leyó esa misma noche y vio la luz —sin el túnel, que eso da mal rollo, sólo la luz—. Habíamos coincidido con él en las conclusiones: la clave para entender la historia de la humanidad estaba en los vascos. Sin perder un minuto se puso en contacto con nosotros exultante de alegría y a la semana siguiente lo teníamos bajando de un avión en el aeropuerto de Barajas. Como un Harrison Ford cualquiera, con látigo y todo, se presentó en nuestra vida con la intención de compartir sus experiencias y su tiempo durante las nueve semanas y media que duraban sus vacaciones. Las páginas que vienen a continuación son el resultado de muchas tertulias, siempre alrededor de una mesa, después de una majestuosa comida o una opípara cena, claro está, y que acababan todas de la misma manera: llevando en brazos al americano borracho hasta la habitación de su hotel. Si es que, para saber beber, no hacen falta estudios. ¿De qué me suena a mí esto de las nueve semanas y media?

Euskadi, un 'western' crepuscular

Toda persona que visita el País Vasco, Euskadi, Euskalherria, Las Vascongadas —tachen las que no correspondan con su ideología— acaba pronunciando la famosa frase: «Como aquí no se vive en ningún sitio». Y lo curioso es que es verdad: se vive como Dios. El clima es moderado: en verano no se derriten los helados antes de la primera chupada, como en Sevilla, y en invierno no se caen los tejados por el peso de la nieve, como ocurre en Rusia. No hay terremotos ni tsunamis, y las olas de frío duran día y medio. Se come como si te fueras a morir al día siguiente, la Seguridad Social es de las mejores del mundo —creo que entra hasta el injerto de pelo— y puedes practicar cualquier deporte y en cualquier división. Además, al ser un país pequeño, si te aburres, en una hora de coche estás fuera del mapa. Se podría decir que tenemos de todo si no fuera porque el vasco no puede tener sexo en la primera cita ni curar el jamón ibérico: uno de nuestros grandes dramas como pueblo, un tema tabú en muchas familias nacionalistas. Incluso hay políticos que sostienen la idea de que la independencia real sólo llegará el día que se incluya Extremadura o Teruel en el proyecto independentista. «Si dentro de Álava está Treviño, que es un pedazo de Burgos, ¿por qué no vamos a poder tener nosotros unas hectáreas de buena bellota en el estado».

A pesar de la dependencia de España por el tema del jamón, Euskadi es un paraíso terrenal. Está bien hecho, bien decorado, como la maqueta de un tren eléctrico; en todos los rincones puedes sacar una foto que sería portada del calendario de cualquier caja de ahorros. Recuerda mucho a los famosos *westerns* idílicos de antes, los que veían nuestros padres; sí, esos en los que trabajaban Yon Baine, Bar Lancaster, Kir Daglas, Gari Cuper, Rober Michun y Clin Isbud, entre otros. El *western*, o «las de vaqueros», como se han llamado siempre, es un género cinematográfico creado por el hombre para contar historias de buenos y de malos, exaltando la virilidad y maquillando un poco la historia de la verdadera colonización del Oeste americano. Y hay que reconocer que a todos nos han enganchado «las de vaqueros» con sus caballos, sus duelos, el tren de carbón, sus pueblos de madera, el *saloon* con puertas de vaivén y el *sheriff*, que te daba una estrella y eras de los buenos. En algunas películas salían indios y en otras no, pero, aunque no asomaran las plumas, todos sabíamos que estaban detrás de las montañas. El mundo del *western* era perfecto, como Euskadi, pero un día algún descerebrado director o productor de Hoollywod inventó eso que se dio en llamar *«western* crepuscular». Ya saben a lo que me refiero: esas películas de vaqueros en las que de repente aparecían coches con motor o un teléfono en el burdel. ¡Qué falta de delicadeza! Oír hablar de Nueva York y de las grandes ciudades americanas a un vaquero sin revólver a orillas del río Colorado. Por no hablar de la última moda sensiblera de convertirlos en gays, ¡por favor! Porque creo que tenían una posibilidad mucho mejor los de Hollywood, y era dejar los *westerns* como estaban, con sus diligencias y sus señales de humo, y pasar directamente a las películas de «Chicago años treinta». Ahí sí que son necesarios los coches y los teléfonos, ¿no? Qué manía con lo crepuscular. Si ya sabemos quc las cosas cambian y evolucionan, pero ¿hace falta recordarlo en todo momento? Nadie tiene una foto enmarcada de su adolescencia, esa edad crepuscular en la que no eres ni niño ni adulto, sólo un expositor de granos y de complejos, y por algo será.

¿Y qué tiene que ver esto con los vascos? Muy sencillo. Euskadi es hoy como uno de esos *westerns* fronterizos. Las consecuencias de la globalización se están empezando a notar en nuestras verdes praderas. Fenómenos como la inmigración o ese flujo constante de propuestas y estímulos que es Internet están cambiando la manera de vivir del vasco. Volviendo al símil cinematográfico, en esta película ya no es extraño ver indios con gafas y zapatos. Hoy podemos comernos una hamburguesa en el centro de Bilbao, ir a clases de danza del vientre en San Sebastián y se escuchan rumores de que el tanga masculino ha entrado en el territorio por la zona de Vitoria. Sólo son rumores, pero asusta mucho pensar en la posibilidad de encontrarse con uno en el vestuario de un gimnasio.

De todas formas, que no cunda el pánico, no está todo perdido: en el País Vasco todavía se puede seguir disfrutando de las tradiciones. Somos la gran reserva india de Occidente. El vasco conserva costumbres ancestrales que están desapareciendo en otros lugares, como la misa del domingo, pensar en pesetas, llamar «el parte» al «telediario» y tener una familia con todos sus miembros. Todo esto le sonará a película de Berlanga; es normal. Usted, consciente o inconscientemente, decidió renegar de su origen, pero no lo olvide nunca: también nació vasco.

Lo que tiene ahora en sus manos es mucho más que un libro: usted mece con cariño la segunda parte (y última) de *los estudios vascos*. No habrá más. Hemos exprimido la manzana como nunca se había hecho hasta la fecha, se ha extraído hasta el zumo de las pepitas. Beba este néctar a sorbitos o de trago largo. Como usted prefiera.

El placer de orinar en la calle

Lo primero que llamó la atención a Conrad Aguirre nada más llegar al País Vasco fue ver a un trabajador del aeropuerto echando una meada en la rueda de un avión. Esto no hizo sino confirmar su teoría sobre la micción en la intemperie. Funciona también como test de *vasquitud*. Si al leer las siguientes líneas usted esboza una ligera sonrisa o asiente con la cabeza, quiere decir que es más vasco de lo que cree.

A los vascos les gusta orinar al aire libre. Hay quien lo necesita hacer todos los días y quien puede pasar con dos o tres veces al año. Esto puede que se deba a su carácter primitivo y a la tendencia que tienen a delimitar constantemente el territorio. No estamos hablando de un capricho ni de una costumbre: es un impulso tan inconsciente como incontrolado. La imperiosa necesidad de mear fuera del tiesto ha hecho que los vascos hayan tenido que inventarse innumerables excusas para poder seguir haciéndolo en la era moderna con las ciudades llenas de retretes y urinarios públicos. ¿Por qué creen que tienen tanta afición a practicar deportes al aire libre, como el montañismo? Porque les permite regar con sus aguas menores montes, campos, bosques y valles sin tener que dar explicaciones. Dice Conrad Aguirre en su libro *Orines salvajes* que, dentro de las meadas en la naturaleza, hay dos que aportan mayor satisfacción: una es la «meada al vacío», que se realiza al borde de un barranco o acantilado, y siempre con viento a favor. En ésta, el meón se ilusiona imaginando que la fuerza y el caudal del chorro al salir se mantienen con la misma intensidad a lo largo de todo el precipicio, aunque sea de cien metros. Los que la han probado hablan de una sensación de bienestar y de una mejora considerable en los niveles de autoestima. La otra micción que resalta Conrad es la «orina escultórica», la que se realiza en una superficie moldeable, que pueda cambiar de forma al entrar en contacto con el orín a presión. La arena de la playa es una de las superficies preferidas por muchos artistas; escriben el nombre, dibujan animales, corazones, etcétera. Hombre, con la próstata mal hay que conformarse con poner la inicial, y si es una «i», mejor. Pero, si uno quiere llegar a la catarsis, sólo se puede conseguir de una manera: con la meada en la nieve, lo máximo en expresión. Aquí el vasco experimenta el poder transformador, ya que no sólo la colorea, sino que también la derrite. La seguridad personal que se obtiene después de un *alivio* en Baqueira Beret, por ejemplo, no la da ninguna carrera universitaria. ¿Será éste uno de los motivos por los cuales los Pirineos están llenos de vascos? Sí, lo es.

Y para acabar con este pequeño homenaje a la escatología les diremos que la «meada al aire libre» también se practica en pueblos y ciudades. Es lo que se da en llamar «el graffiti fisiológico»; una de cada tres meadas que el vasco realiza durante el fin de semana es en pared. Y luego está la clásica «entre coche y coche en cuclillas», muy practicada por las mujeres.

Segunda parte

Ponga un vasco en su vida

Vivir como Dios

Ésta es la idea que le transmitimos en *Todos nacemos vascos:* como en Euskadi no se vive en ningún sitio, y de este modo nos lo viene recordando el Gobierno vasco en sus distintas campañas turísticas: «País Vasco, ven y cuéntalo», «Euskadi, con mucho gusto»... Así lo entendió también nuestro antropólogo americano Conrad Aguirre, que después de las nueve semanas y media que duró su estancia a punto estuvo de comprarse casa en Santurce y cambiar su gorro por la txapela. Y en uno de sus momentos de lucidez acuñó un nuevo eslogan: «Aquí se vive de piuta madre», decía entre vino y vino —cómo les gusta a los guiris decir tacos foráneos—. El problema es que, aunque el resto del mundo quisiera venirse al norte, o, lo que es lo mismo, vivir como Dios, sería imposible: no cabríamos. ¿Quizá deberíamos haber dicho: «País Vasco, ven y cuéntalo, pero no a todo el mundo»? Puede ser. La cosa es que Conrad encontró la solución —para seguir disfrutando de la NBA en directo sin renunciar a la pelota vasca—: usted puede vivir como los vascos aunque no esté en el País Vasco. ¿Cómo? *Poniendo un vasco en su vida*.

El test de Conrad Aguirre

¿Quiere saber usted si necesitaría poner un vasco en su vida para mejorar su nivel de bienestar? Este test se lo aclara. Responda sinceramente a las siguientes preguntas, medítelas unos instantes y luego mire la solución debajo de cada una de ellas.

1. Cuando abren un bar nuevo en su calle, ¿qué siente?
   — Si la respuesta es que no siente nada, usted lleva una vida descafeinada.
   — Si lo que siente es júbilo o alegría, usted sí aprecia los placeres de la vida.

2. Cuando visitó la Alhambra en pleno mes de agosto a cuarenta grados, ¿qué echó de menos durante las tres horas del recorrido?
   — Si la respuesta es «más tiempo para disfrutar del monumento como se merece», siga visitando monumentos; usted no es humano.
   — Si echó de menos un bar aunque fuera de estilo mozárabe, ahórrese también visitar la catedral de Burgos o el acueducto de Segovia. ¡Usted lleva el arte dentro!

3. Lea estos dos relatos:
   A. *José paró con su hijo en un área de servicio de la autopista en un lluvioso día de marzo. Se acercaron a la barra del bar, donde había una rebanada de pan con una merluza pinchada con un palillo. La mahonesa tenía un ribete amarillo gelatinoso alrededor y el baño se abría con una llave que había que pedir al camarero. José tomó el plato combinado número siete porque en la foto de encima de la barra era el que mejor pinta tenía. Su hijo comió macarrones.*
   B. *José salió de la autopista con su hijo mientras el sol acariciaba suavemente sus mejillas y paró en Aranda en el acogedor bodegón Rafael. Degustó un cordero asado en su salsa acompañado de pan de leña y un crianza junto a las barricas de roble que adornaban ese noble rincón del Duero. Su hijo comió macarrones.*

¿Con cuál de los dos relatos se identifica? Está claro.

4. ¿Qué hace usted cuando le sobra una barra de pan del día anterior?
   A. Hago miguitas de pan seco y las esparzo por el balcón para que las coman los gorriones. El balcón acabará hecho una porquería entre el pan y las cagadas de los pajarracos.
   B. La utilizo para hacer torrijas y migas con chorizo, dos platos tradicionales que harán las delicias de toda la familia.

   Si ha elegido el relato y la opción B, usted sí sabe vivir; si ha optado por la A, ¡es usted un desalmado!

5. Si va al concurso de la tele *Cifras y letras* y le sale esta serie de letras seguidas, ¿qué lee?

T	R	E	S	T	A	U	R	A	N	T	E	T

   Si ha leído «AURA» o «TRES», es usted un retorcido y, además, le eliminarían del concurso. La vida le pone placeres delante y usted no los ve.

6. Conteste a esta pregunta sólo si es usted mujer: ¿hace cuánto que no le cocinan un plato con cariño?
   A. Nunca me han cocinado un plato con cariño.
   B. Nunca me han cocinado un plato.
   C. Ya ni me acuerdo.
   D. Hace poco, pero le faltaba sal.

   Si eligió de la A a la C, directamente deje el test; a usted le urge poner un hombre vasco en su vida, de los que disfrutan cocinando. Vaya a buscarlo.

7. Hay una palabra que no pertenece al mismo campo semántico. ¿Cuál es?
   Hamburguesa, ketchup, patatas congeladas, alitas de pollo, refresco en vaso de cartón, muñequito de Star Wars, jamón de pata negra.

Si ha dejado fuera el soldadito de Star Wars, es un insensible y le faltan reflejos. Vive usted perdido, sin fuste, sin nada...

8. Está usted convaleciente en un hospital y durante el día le han hecho tres visitas. ¿Cuál es la que más valora?
   A. La de unos familiares que se han recorrido trescientos kilómetros en coche, a los que hacía mucho que no veía y que, durante el tiempo que ha durado la visita, no han parado de animarlo.
   B. La de su pareja, que nada más salir del trabajo ha ido a verlo con un ramo de flores y que no se ha separado de usted hasta bien entrada la noche.
   C. La de un familiar de su compañero de habitación, que le ha ofrecido un bocadillo rico de jamón de jabugo que le había sobrado.

Si ha elegido las respuestas A o B, y sin desmerecer a su familia, usted no se va a curar en la vida.

Conclusión del test

- Si de las ocho preguntas *en cinco o más* ha averiguado que vive bien, que sabe disfrutar de la vida..., usted puede seguir viviendo como lo hace; es decir, *es vasco aunque no lo sepa* (consúltese *Todos nacemos vascos)*. Aunque siempre se puede mejorar.
- Si de las ocho preguntas *sólo en cuatro* ha obtenido estas conclusiones y en las otras cuatro ha visto que es un ser sin fuste, que no disfruta..., *ponga un vasco en su vida*.
- Si de las ocho preguntas en las ocho se descubre usted como un ser sin fuste, que no disfruta..., *ponga más de un vasco en su vida*. Por ejemplo: marido + amante, mujer + amante, marido + amigo, marido + amiga...

O léase las memorias de san Juan de la Cruz. Quizá su camino sea otro; no descarte la vida contemplativa.

Liarse con un hombre vasco

Si usted ha decidido liarse con un hombre vasco, no hay tiempo que perder. Eso sí, una vez se le haya puesto uno delante, comprobará que es muy fácil: cazar a un soltero vasco es como disparar a un elefante a un metro de distancia. Cae fijo. Es más, no le hará falta ni munición; en cuanto vea el arma, se va a hacer el muerto él solito. Usted sólo tiene que evitar cometer los errores que le detallamos después de la publicidad.

Beneficios de liarse con un hombre vasco

Es un ser simple

Como se muestre en la primera semana de noviazgo, así va a ser durante todo el matrimonio. El único cambio que va a experimentar es el de las tallas de ropa. El pantalón de la talla 48 que llevaba el día del disparo —digo, del flechazo— habrá que donarlo, pasado un mes, a alguna asociación benéfica. Sí, es el motivo por el cual muchos inmigrantes parecen txikiteros de Bilbao. Al vasco le gusta la vida tranquila y ordenada. ¿Que a usted puede aburrirle? Sí, pero también tiene sus ventajas, porque nunca le dará un sobresalto del tipo: «Me dio el punto, me cogí el coche y fui a Albacete a comprar unos patines». Imposible para el vasco y más si es domingo y juega el Athlétic. Definitivamente, el vasco no arriesga salvo en el tinte de pelo cuando llegan las primeras canas, momento en que se puede meter un negro zaino que lo ven desde Albacete y quedarse tan ancho.

Tiene buenos cimientos

Olvídese de conceptos como: «portátil», «de quita y pon» o «de usar y tirar». Al hombre vasco le gustan el ladrillo, la piedra y la viga de roble. Al mismo tiempo que aumenta su talla de pantalón aumentará su patrimonio. Tendrá casa, trastero, caseta para el perro, garaje, bodega, segunda vivienda, caseta para perro de la segunda vivienda (que es el mismo perro, que viaja), parrilla en la segunda vivienda... Todo con mucho cemento. Vamos, que le va a parecer que se ha casado con Construcciones y Contratas. La suya es la cultura del acumule que se rige por la máxima: «Ser o tener, he ahí la cuestión». Y, mira, oye, que si un día te divorcias de él, te va a parecer que te llevas medio tablero del Monopoly.

Es buen amante

Sí, sin duda lo es. Sobre todo a la hora de la siesta. ¿Por qué? Muy sencillo. El vasco sabe que la siesta es un invento español y, aunque le apetezca más que a un mono un cacahuete, prefiere aguantar sin dormirse, sobre todo si vota nacionalista. Si a esto añadimos que la digestión hace que se concentre la sangre en el centro del cuerpo, haciendo que aumente el caudal en la zona genital, tenemos al vasco predispuesto para el mete y saca. Elija usted: un marido cualquiera, dormido frente al televisor con la baba caída a la hora del telediario, o un aquí te pillo, aquí te mato para liberar tensiones y quemar las calorías de la comida. Se lo hemos puesto fácil, ¿eh?

Errores que no hay que cometer a la hora de cazar al hombre vasco

Ya ve, son muchas las ventajas del vasco: es mucho mejor que liarse con un finlandés o con un catalán, por ejemplo. De todas formas, y aunque es presa fácil, le vamos a hacer unas sugerencias para que el elefante caiga redondo y no se le escape malherido y provoque la espantada de la manada.

No dé el primer paso

Así como un soltero finlandés puede estar deseoso de que lo seduzcan, pocos son los hombres vascos que se sienten cómodos cuando una mujer tiene la iniciativa. Hay chicarrones del norte que han visto acercarse a una mujer hacia ellos y del susto han salido huyendo despavoridos, como un caballo en una tormenta. Tan sólo mírelo sonriente, él hará el resto. Tenga paciencia: pueden pasar meses hasta que se decida a lanzarle un *epa* (= «hola») y hablar con usted, pero merece la pena. Se lo explicamos detalladamente en *Todos nacemos vascos* (apartado Manual de ligue vasco, página 55).

Jamás intente la conquista mientras el «objetivo» está con su cuadrilla

La cuadrilla, ese ser que tiene varios estómagos y un solo cerebro, no va a permitir que le arrebaten a uno de sus miembros así como así. Al igual que la leona de los documentales, espere también usted a que la presa se quede descolgada de la manada para atacar. Y con atacar, insistimos, nos referimos a que le eche una miradita insinuante, nada de meterlo para el baño del bar y arrinconarlo contra la pared, por favor.

Cuidado con utilizar expresiones del tipo «improvisar» o «ya de puestos...»

Este tipo de expresiones sólo se pueden utilizar si se refieren a comida; de lo contrario, pueden caerle como una bomba. El vasco no es de cambiar planes: si ha decidido quedarse en casa el fin de semana, de ahí no lo mueves, y mucho menos con alicientes culturales. Ejemplos de uso correcto e incorrecto:

- «Ya de puestos, sacamos otra ración de anchoas, ¿no?» (SÍ).
- «Ya de puestos, nos vamos al teatro/damos un paseo...» (NO).

Nunca se deben hacer proposiciones de este último tipo, pues puede estar contribuyendo a crear un soltero de por vida. Si usted quiere ir al teatro, inténtelo terminando de esta manera:

- «Ya de puestos, nos vamos al teatro y luego tomamos unas anchoas» (SÍ).

Ahora que ya pueden estar buenas las anchoas de ese día porque, si no, acabará maldiciendo a Calderón de la Barca el resto de su vida.

DURACIÓN DEL HOMBRE VASCO

Vamos a tratar un aspecto importante. Ya que va a hacer la inversión de su vida poniendo un buen morrosko* a su lado, tiene que saber cuánto tiempo lo podrá disfrutar. Podemos decirle que no tiene la longevidad de los japoneses, pero da guerra muchos años y trabaja tanto como ellos. En el siguiente cuadro aparece la duración de un hombre vasco en relación con hombres de otras regiones que perdieron su *vasquitud:*

---

* Morrosko: palabra que no tiene fácil traducción, pero haciendo un esfuerzo sería algo así: el hombre con el que darías tranquila un paseo por el Bronx.

	Duración	
	En activo	**En la vejez**
Hombre vasco	Dura muchos años trabajando.	Se apaga y se va enseguida.
Hombre español	Dura muchos años, trabaje o no.	Le puede agonizar veinte años con una hernia.
Hombre finlandés	Dura muchos años.	Son inmortales*.

Como vemos en la tabla, la ventaja del hombre vasco es que no sabe vivir sin trabajar. Dura muchos años fuerte y activo, luego le entra cualquier mal y se va enseguida. Por eso, cuando muere, la gente siempre dice: «Si estaba hecho un roble».

* ¿Ha escuchado alguna vez decir: «Hoy ha muerto un finlandés»?

Liarse con una mujer vasca

Si ilustrábamos la caza del soltero vasco con la de un paquidermo, aquí nos encontramos cazando una gacela a un kilómetro de distancia y con tirachinas: es difícil que caiga, hay que tener buen pulso, disparas y puede caer cebra o estampida de ñus. Pero merece la pena intentarlo: la mujer vasca dura «toda una vida», como dice el bolero.

Beneficios de liarse con una mujer vasca

La mujer vasca es como la aspirina, que cada año le sacan una virtud nueva. La lista podría ser infinita, pero queremos destacar las más notorias.

Es gran administradora

La mujer vasca te puede administrar cualquier cosa que pase por sus manos. No se sabe aún cómo lo hacen, pero todos los meses cogen el sueldo que entra en casa y hacen milagros con él; al final de mes sigue habiendo sueldo y al clan familiar no le falta de nada, ni el papel higiénico de doble capa. Así que no se preocupe si usted tiene un sueldo modesto: ella hará que parezca la paga extraordinaria de un dentista.

Viene con GPS de serie

Para que lo entienda, tiene memoria fotográfica y un localizador de objetos instalado en el cerebro. No intente competir con ella a la hora de buscar algo: una mujer vasca no acepta un «se ha perdido». Todo está en su sitio, sólo hay que saber cuál es.

—Cariño, no encuentro el periódico.

—¿Ya has mirado en el baño?

—Sí, de arriba abajo.

—Pero si está encima del bidé. Toma, calamidad. Si es un perro, te muerde.

—¡¿Cómo?! Si ya había mirado ahí y no había nada.

Es increíble. A veces parece que ellas esconden las cosas y luego las vuelven a poner en su sitio. Si usted es olvidadizo y encima utiliza gafas, no lo dude: con una mujer vasca ahorrará las inútiles horas de búsqueda y no les tendrá que poner la patética cadenita. «Las llevas puestas, Manuel. Si es un perro, te muerde».

Tiene un calendario interno

Al igual que Windows, la mujer vasca te va avisando cada día de los compromisos y las efemérides.

—¿Ya has llamado a Peio, que hoy es su cumpleaños? ¿Ya has llamado a tu madre, que fue ayer al médico? Mañana es el santo de tu ahijado, no te olvides de felicitarle.

Olvídese de la agenda del móvil: tiene a su lado una agenda electrónica activada las veinticuatro horas del día. Va a quedar como Dios con todo el mundo. Bueno, es un poco fastidioso cuando se acuerda de la salud de uno:

—Por cierto, ¿hace cuánto que no vas al dentista?

ERRORES QUE NO HAY QUE COMETER A LA HORA DE CAZAR A UNA MUJER VASCA

Ya le hemos dicho que la caza de la gacela es muy difícil: te ven llegar desde muy lejos y son muy asustadizas. Pues imagínese si va vestido de color fucsia y seguido de una banda de música. Con esta metáfora queremos decir que se tiene que camuflar, amigo. El viento, siempre de cara y acérquese poco a poco evitando siempre cometer las siguientes torpezas.

No preguntarle más de tres veces en la misma cita: ¿de qué equipo eres?

Aunque usted sólo tenga dos temas de conversación con su cuadrilla, estar con una mujer vasca es como enfrentarse todo el rato al Trivial: te puede tocar responder sobre geografía, historia, ciencia... deporte también, pero de vez en cuando. Si se siente perdido en casi todos estos temas, haga como Clemente, a la defensa para amarrar resultados: eche balones fuera, dele la razón. Frases comodín que le ayudarán son: «Yo también», «Tienes razón», «Estoy contigo...». Y de vez en cuando suelte un órdago, que se note que es vasco universal: «¡Me gustaría ir a Tailandia!». Eso sí, dígalo con conciencia porque ella lo archiva en su disco duro y en la luna de miel terminan yendo a Tailandia. Pero, ánimo, eso es sólo una vez en la vida, como lo de la Meca, luego hay viajes a la Rioja para animarle el espíritu a uno.

Evitar expresiones del tipo: «rutina», «ya te llamaré» o «mañana te digo»

Ya sabemos que usted puede ser una persona rutinaria, de las que postergan todo, sin iniciativa, pero, si quiere que ella pase a formar parte de su vida, haga un esfuerzo en dar una imagen contraria, sobre todo al principio. Una vez metidos en el matrimonio, ella se acostumbrará a su monotonía e incluso llegará a agradecerla. Con un «ya te llamaré» se han truncado muchos procesos de noviazgo, sobre todo cuando han pasado varios días desde la promesa.

No haga sentirse a su novia una sustituta de su madre

La mayoría de las mujeres vascas están hartas de lo enmadrados que viven aquí los varones y de que sus novios las traten como si fueran sus madres. Evite también frases como «mi madre por aquí», «mi madre por allá». Y no haga como aquel individuo de Bilbao que le regaló a su novia un ramo de rosas para el Día de la Madre.

No le tire la indirecta de que en la cuarta cita 'toca'

Tenga cuidado con agarrarse a los tópicos y más si están relacionados con temas sexuales. Eso de que en la cuarta cita *toca* es un tópico que puede valer para otras regiones. Aquí en el País Vasco la cuarta cita todavía suele ser para ir rompiendo el hielo, que suele encontrarse todavía en capas muy gordas; vamos, como para hundir el *Titanic* al choque.

DURACIÓN DE LA MUJER VASCA

La mujer vasca tiene la ventaja de que es fuerte: los genes la han dotado de una capacidad de aguante sin igual. Podemos hablar con orgullo de las nonagenarias y las centenarias vascas, que llegan a tal edad sin ayuda de la soja ni de la vida tranquila; todo lo contrario, su vida es trabajo y más trabajo. Vamos a verlo con el cuadro correspondiente que muestra la duración de la mujer vasca frente a la de mujeres de otras regiones que también perdieron su *vasquitud*.

	Duración	
	En activo	**En la vejez**
Mujer vasca	Dura muchos años trabajando.	No tiene vejez.
Mujer española	Dura muchos años trabajando.	Se va enseguida*.
Mujer finlandesa	Dura muchos años trabajando.	Se va enseguida**.

Por lo general, todas las mujeres, sean vascas o no, duran lo mismo —vamos, que son eternas—. Pero el récord de duración lo ostenta una vasca, una viuda de Vitoria que llegó a asistir a los sepelios de cinco «elefantes», pues todos los maridos le salieron malos: dos hernias, una rodilla mal curada —por no ir a Houston—, un catarro y un susto en una final de fútbol. Si hubiera pillado a un finlandés, no habría tenido que escribir cinco esquelas.

* Por no aguantar veinte años la hernia de su marido.

** Por no aguantar a su marido inmortal.

Tercera parte

¿Cómo reconocerlos?

¿Dónde buscarlos en Euskadi?

Lógicamente, el primer impulso nos arrastraría a buscarlos en el País Vasco, pues es ahí donde todos sabemos que prefieren vivir los vascos y las vascas, debido a su gastronomía, la bondad de su clima, lo fértil de sus prados y lo pesado de sus piedras. Pero sería un craso error. Si el vasco ya de por sí tiene un carácter hermético, dentro de su terruño parece envasado al vacío. Tiene unas relaciones hechas de toda la vida y teme que, si abre el envase de la cuadrilla, entre el oxígeno y lo oxide todo. Por otra parte, teme que, si se aleja de la cuadrilla para salir con alguien, el que se oxide sea él.

FUERA DE EUSKADI LA CAZA ES MÁS FÁCIL

Sin embargo, lejos de Euskadi el vasco parece esponjarse: se vuelve más locuaz e incluso se relaja. Esta circunstancia hace que los individuos bajen la guardia y se muestren más receptivos con los demás. Conrad Aguirre mantiene que el vasco de ambos sexos sale de Euskadi como si saliera de la alacena: puesto que sabe que no va a comer tan bien como en casa, dedica más tiempo a tirarse el rollo.

Nuestro amigo Conrad en su monumental obra *Los vascos y el ligue* afirma: «Los vascos saben que como en casa no se vive en ningún sitio. Pero aun así hacen miles de kilómetros y se desplazan a lugares insólitos. ¿Por qué? Porque liberados de la presión de lo cotidiano están dispuestos a ponerse en ridículo». Y acaba dando la clave de tanto peregrinaje: «Viajan para ligar, especialmente a partir de los 35 años. El 70 por ciento de los solteros vascos pilla en el exterior. Y raro es el vasco, especialmente los varones, que vuelve de unas vacaciones en el Caribe sin una morena que tumbe de espaldas».

Es curioso comprobar cómo hay vascos que no han ligado una sola vez en su vida dentro de Euskadi y al poner un pie en el Caribe tienen más *sex appeal* que George Clooney. O sea, que para pescar a un vasco hay que hacerlo en caladeros alejados de su terruño. ¿Dónde? Como éste es un libro de ayuda para que usted encuentre rápidamente a su morrosko o a su chavala, vamos a decirle primero dónde NO merece la pena buscarlos.

DÓNDE NO ESTÁN LOS VASCOS

En lugares sin bar

No es muy amigo el vasco de lugares donde no abunde el bar. Si por él fuera tendrían bar con pintxos y raciones hasta los tanatorios. Y es que el vasco no perdona una espera sin un exquisito bocado que echarse entre pecho y espalda con su correspondiente vino. Y esto sí que delimita mucho el territorio en el que buscar al vasco.

Por tanto, es muy extraño toparse con uno en Asia y África por razones culturales y de subdesarrollo, ni en Estados Unidos, ni en Sudamérica, ni en toda la Europa civilizada y racionalista, porque en ningún lugar de éstos sirven un pintxo que merezca la pena. Encontrar un vasco en esos sitios es más difícil que montar un museo de la miniatura en Bilbao.

En Japón

Un recuento hecho recientemente en Japón reveló que la empresa Mitsubishi no tiene un solo trabajador vasco en su plantilla a pesar de que es una de las fábricas que mejor pagan del mundo. Pero el menú de la cantina incluye pescado crudo todos los días y eso es demasiado (véase *sushi* en nuestro Diccionario sentimental).

En las pistas de baile

Tampoco es buen sitio para encontrar a un vasco las pistas de baile donde se escuchen ritmos calientes. Naturalmente, el vasco sale a divertirse por la noche a discotecas y verbenas, pero nunca se aparta de su territorio natural: la barra del bar. No lo arrancan de ahí y lo llevan a la pista ni aunque lo tironee del brazo la mismísima Naomi Campbell. De hecho, hay vascos que prefieren una luxación de hombro por culpa de los tirones que salir a la pista y bailar un reaggetón. ¿Por qué?

Conrad Aguirre, en su libro *La cadera de los vascos. Razones de una inmovilidad*, nos descubre el origen de este comportamiento. Los vascos tienen el hueso de la pelvis soldado a las vértebras lumbares, lo que impide cualquier movimiento del culito a derecha e izquierda, hacia delante y hacia atrás. La salsa, el merengue, la samba, la lambada y el reaggetón están vetados para esas caderas; como mucho, la pelvis vasca podría enfrentarse a una conga en una boda... o a *Paquito chocolatero*. Pero poco más. Según concluye Conrad Aguirre en su estudio, el vasco sólo mueve la cadera una vez en su vida, y es cuando se le rompe.

En una barbacoa

El vasco es el rey de la parrilla, pero no es muy amigo de la barbacoa. Desde que la barbacoa se independizó de la pared y se hizo portátil, el vasco le ha dado la espalda. Normal. No vas tú a confiar un besugo que te ha costado cincuenta euros a un asador portátil de jardín que cuesta la mitad, que se usa de pascuas a ramos y que se enciende con carbón sintético.

Una comida de verdad exige una parilla con sus brasas como puños, su campana adosada a la pared y su tejadillo de tejas tradicionales. La barbacoa, como mucho, sirve para asar choricillos, pancetas y demás chucherías cárnicas.

En una cata de tónicas

Vamos a dejarlo claro de una vez por todas: el vasco es amigo de las catas, sí. De hecho, los cursos que más éxito han tenido últimamente en Euskadi son aquellos que te enseñan a distinguir un vino peleón de un gran reserva. La gente paga un dineral por aprender algo que te llevará a dejarte una fortuna en la vinacoteca. Pero esa moda que empieza a extenderse de hacer catas de tónicas y de otras bebidas sin alcohol, como aguas, gaseosas y limonadas, están vedadas en el País Vasco.

En el probador de una tienda de ropa

A diferencia de la mujer, el hombre vasco odia los probadores. Le producen una claustrofobia galopante. Por eso compra la ropa por encargo. Sí, sí, ha leído bien. Primero se la encarga a su madre, luego a su mujer y finalmente a sus hijas. Si no dispone de elemento femenino en su vida, se las ingenia para encontrar unos almacenes cuyas tallas se aprende de memoria y que le permiten comprar la ropa sin probársela. Tanto es así que hay una leyenda urbana que dice que un hombre vasco no puede comprarse ropa solo (véase la Novena parte. Mitos y leyendas).

Dónde SÍ están los vascos

Conrad Aguirre ha demostrado que el vasco viaja fundamentalmente por placer y que las dos razones que lo obligan a salir de Euskadi son: para ligar o para ir a su segunda vivienda, que suele estar en un lugar donde se vive *casi* tan bien como en Euskadi. Y casi tan bien como en Euskadi, con tapas y pintxos, jamón serrano y paella de marisco, corderito y verdura fresca... así sólo se vive en España.

A principios del siglo XX los vascos emigraban en busca de trabajo, como todos los europeos, y montaban colonias en sus lugares de destino. A principios del siglo XXI los vascos salen de vacaciones y montan urbanizaciones de chalés adosados en sus lugares de destino. ¿Cuáles son?

Ninguna pista es tan fiable como el nuevo mapa del euskera elaborado por Euskaltzaindia, la Academia de la Lengua Vasca. En su última entrega titulada *¿Dónde se habla euskera en España?* señalan claramente la expansión del idioma vernáculo en la última década siguiendo los pasos de la expansión de las segundas viviendas.

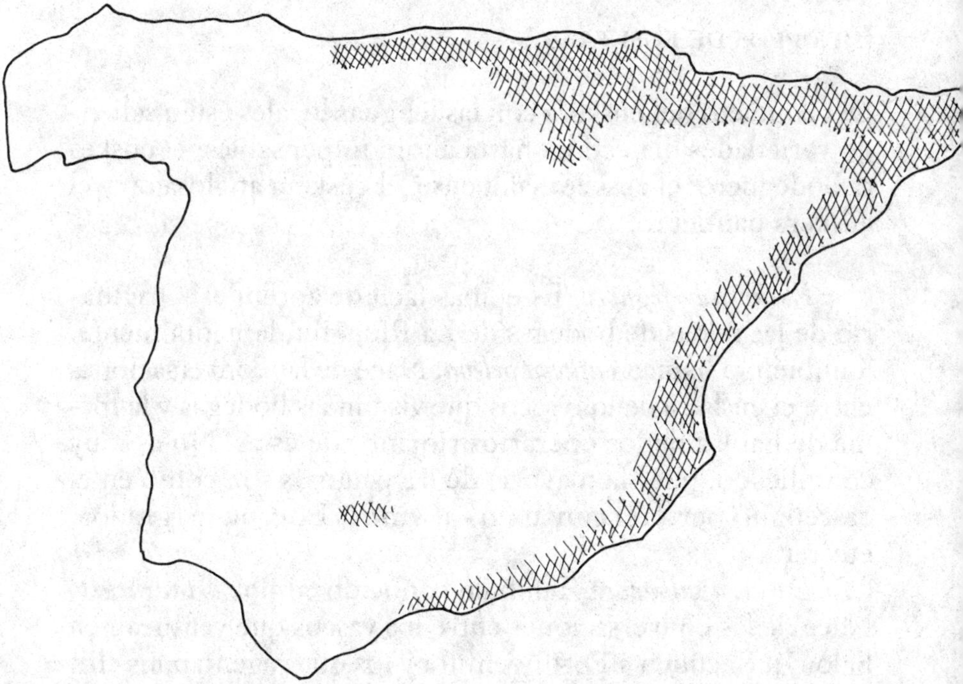

Si miramos el mapa detenidamente, enseguida nos damos cuenta de que los vascos para las vacaciones son de mar o de montaña, así de radicales; en el llano del interior no se les ha perdido nada.

Los que son de mar buscan su refugio en la costa mediterránea, salvo que sean bilbaínos; entonces lo buscarán en Castro Urdiales y la costa cántabra con incursiones cada vez más frecuentes hacia Llanes y otros pueblos costeros de Asturias. Los demás buscan el calorcito de Torrevieja, Cambrils, Salou y Peñíscola.

Los que son de montaña se concentran en el Pirineo, salvo que sean bilbaínos; entonces ocupan la parte montañosa de La Rioja.

En todos estos lugares el euskera es un idioma estacional, de verano, pero con gran fuerza. De hecho, en la piscina de Santo Domingo de la Calzada se oye más euskera que en la de Hernani (Guipúzcoa) y hay menos cloro.

EJEMPLOS DE EUSKERAS

Del contacto del euskera con las lenguas locales están saliendo variedades dialectales hasta ahora impensables: el euskera bodeguero, el euskera salouense, el euskera anglosajón y el euskera panticuto.

Euskera bodeguero. Es el más fácil de aprender. Originario de las zonas de bodegas de La Rioja fundamentalmente. También lo llaman *euskera peleón*. Nace de las conversaciones entre el euskera de los vascos que visitan las bodegas y la forma de hablar de los operarios riojanos de éstas. No es muy complicado, pues la mayoría de las palabras son como en el castellano pero terminan en -a: vinoa, Logroñoa, gradoa, etcétera.

Euskera salouense. También conocido como *portaventuro*. Nace de las conversaciones entre los vascos que veranean en Salou que acuden a Port Aventura y los que regentan los chiringuitos de allí, aunque también se cree que nació en las largas colas de espera para subir al Dragon Khan. Se puede ver reflejado en alguno de los carteles que anuncian los menús en los chiringuitos del parque, donde palabras como chopitos o besamel son ahora txopitos o betxamel. Consiste en escribir las palabras castellanas con grafía euskérica.

Euskera anglosajón. También conocido como *euskera internacional* o *anglovascón*. Ésta es una variedad dialectal que nace en puntos de encuentro comunes de ingleses y vascos: los bares de Benidorm. Curiosas son las frases que se oyen, como, por ejemplo, «Camareroooo, beste bat» que sería «Camarero, otra más». Eso sí, en la escritura barren para su casa, ya que lo ponen «Besthe Bath». También hay que decir que se suelen armar sus líos, pues cuando se despiden son capaces de entonarte un *adeu*.

Euskera panticuto. Este euskera nace de las conversaciones que mantienen los vascos con las gentes de los pueblos de las zonas pirenaicas donde veranean, como Panticosa, Jaca, etcétera. Se caracteriza por introducir «pues» y «la hostia» en todas las frases. «La hostia, pues; habrá que hacer una excursión al monte, pues».

Aprenda a distinguir a un vasco

Al vasco no le gusta pasar inadvertido, no es amigo de mimetismos, así que no le resultará complicado reconocerlos allí donde estén. Aun así, vamos a facilitarle el trabajo para que no pierda el tiempo en la búsqueda, que ya lo perderá luego en la captura. Además, con esto de los estatutos y las reivindicaciones, hay catalanes, por ejemplo, que podrían confundirse con vascos en un guateque.

Nosotros hemos diferenciado dos formas de reconocer a los vascos: de cerca, por el aspecto físico; de lejos, a simple vista.

Reconocerlos de lejos a simple vista

Ésta es, sin duda, la forma más rápida de distinguir a un vasco. Se basa en el sencillo método de observar qué hace la persona en determinado medio físico. Para que nos entendamos: si alguien saca una esterilla en la playa y, en lugar de tumbarse a la bartola, se pone de rodillas mirando a La Meca, está claro, ¿no? No es vasco. Pues así.

¿Cómo reconoceremos a un vasco en una taberna?

Hay que tener un poco de paciencia y esperar a la hora del pago. El vasco es el que desenfunda la cartera más rápido para pagar, dejando claro que lo va a hacer él. Si hay otro en el grupo que quiera pagar, habrá un enfrentamiento que se resolverá gracias a la complicidad del vasco con el camarero; con una simple mirada él sabrá a quién tiene que cobrar: al vasco, claro.

¿Cómo reconoceremos a un vasco en un paseo marítimo del sur?

Muy sencillo. Lleva el jersey por los hombros. Generalmente, es de color rabioso: fucsia, pistacho, amarillo chillón... Colores con los que nunca se pasearía por su tierra. ¿Y a la vasca? Ellas llevan la rebequita colgando del brazo «por si acaso». Si en el paseo marítimo hay chiringuito, será fácil: el que esté apoyado en la barra durante horas.

¿Cómo reconoceremos a un vasco en un cumpleaños?

Es el que se atreve a entonar la segunda voz del famoso *Cumpleaños feliz* llamando la atención de todos los presentes. Hay un tópico que dice que los vascos cantan bien. Lo malo no es el tópico, lo malo es que se lo creen. También será el que intente apagar las velas de la tarta de un solo soplido, aunque sean setenta.

¿Y en un poblado de África?

El vasco es el que va vestido con sotana. También es el único que tiene barriga, pero, en su caso, no es por las amebas. La mujer vasca en África va de blanco con la cabellera tapada y, si tiene barriga, mejor no comentarlo en el pueblo.

¿Y en el Tour de Francia?

Bueno, ahí lo difícil es encontrar a alguien que no sea vasco. Por ejemplo, si usted ve a un individuo más flaco de lo normal, más alto de lo normal, desnudo de cintura para arriba y con una bandera norteamericana en las manos, que corre paralelo al escapado, casi seguro que no es vasco. Tampoco lo es el que va disfrazado de diablo con tridente y todo, como en el tren Chu-chu. Pero todos esos que van con ikurriña, bocata de tortilla y pancarta o espray para pintar el suelo, cantando alegres y vestidos de naranja no son seguidores del Dalai Lama. Aunque cueste creerlo, son seguidores de Iván Mayo.

Reconocerlos de cerca por el aspecto físico

Generalmente, cuando uno se encuentra cerca de un vasco, lo sabe. Si habla, lo delata el acento y, si no habla, ya se sabe que es vasco. De todas formas, y para que no tenga usted dudas, vamos a decirle en qué partes de su físico puede fijarse para confirmar sus sospechas sin tener que preguntarlo.

Fíjese en el rostro

Si por algo se caracteriza el vasco es por su falta de expresividad. Es el único ser humano capaz de saludar a alguien, moviendo la cabeza pero manteniendo el gesto neutro. A un famoso mimo estadounidense se le caía la baba mientras estaba de vacaciones en un agroturismo del País Vasco cada vez que lo saludaban los caseros cuando salía a pasear. Téngalo en cuenta.

Fíjese en la nariz

Si al mirar la nariz del hombre o la mujer que tiene cerca de usted le vienen a la cabeza palabras como: águila, desproporción, rapaz, tremenda, gancho, enorme, abrelatas, pobre chica o brujería, puede que esté delante de un vasco. Pero hay que tener en cuenta que, debido a la mezcla con otras culturas, también hay vascos chatos y narigudos en Teruel, así que no vamos a sacar conclusiones precipitadas sólo porque tengamos delante a una persona con pico.

Fíjese en los dientes

Los vascos se distinguen del resto de los humanos por llevarse la dentadura completa a la tumba. Aunque sea una prótesis. A un ciudadano vasco no puede faltarle un diente a partir de los 5 años. Hasta esa edad se permiten agujeros en las paletas dentales, sobre todo para no dejar sin trabajo al ratoncito Pérez. Pero a partir de ahí a los que no hay que dejar sin trabajo es a los dentistas, esa pobre gente antaño dedicada a la noble tarea de sacarnos las muelas cuando dolían y ahora empeñada en sacarnos la pasta volviéndolas a poner. Así vemos jubilados en Benidorm con la dentadura milagrosamente íntegra, luciendo una sonrisa de galán impropia de su edad y con una blancura dental que se diría que en toda su vida no han tomado ni un maldito café. La dentadura es un lujo que el vasco se permite con una liberalidad olímpica.

Fíjese en el pelo

En el caso de las mujeres, sólo mantiene su color original hasta que cumplen la mayoría de edad. A partir de ahí comienza su transformación; primero aparecen las extensiones y los colores violentos; por ejemplo, el azul y el fucsia, como símbolo de una libertad absoluta. A los 30 aparecen las mechas color champán y el pelo, sea del color que sea, vira hacia un rubio cada vez más claro, como con nostalgia de la primera juventud. Esta tendencia dura hasta los 45. Con el divorcio el carácter se endurece; hay que volver a ligar, a buscar una segunda oportunidad y el pelo se vuelve *colorao*. Esas mujeres de rompe y rasga llevan el fuego en la mirada... y en la cabeza. En la jubilación el pelo se va aclarando hasta llegar al blanco con reflejos de un azul tan intenso que puede ser confundido con el pelo de su nieta. Así que podemos decir que el recorrido cromático del pelo de las vascas es totalmente circular.

El caso ellos es diferente. En general, uno de los problemas más agudos del hombre vasco es que no suele ser la cabeza el sitio donde más pelo tiene. El vasco es de pechera selvática y espalda como para desbrozar a máquina, pero muchas veces tiene la pelota pelona. Esto no deja de ser una ventaja: los calvos jóvenes envejecen mucho más lento que los demás. Es lógico: si a los 30 luces una calva como de 50, hasta que no estés hecho una pasa y con más arrugas que el Fary nadie se da cuenta de que por ti también pasa el tiempo.

Por eso el vasco que logra pasar la treintena con una razonable mata en la azotea se dedica toda la vida a que el pelo no delate su edad. La principal medida es declarar una guerra inmisericorde a las canas. Será una guerra de guerrillas que se desarrolla en la intimidad y en riguroso secreto. Y aquí se abre una serie de interrogantes que tendrán respuesta dentro del Capítulo de regalo, en El vasco y el tinte de pelo, que encontrará más adelante.

Cuarta parte

Tipos de pareja

Tipos de pareja

A continuación le vamos a presentar los tipos de pareja que usted va a encontrar si decide compartir su vida con un vasco —sabia decisión, por cierto—. Tenga en cuenta que al principio de la relación, con el enamoramiento, la pasión y los alardes, su pareja no se mostrará tal cual es y usted creerá que no hemos acertado en las descripciones. No se engañe: es cuestión de esperar dos o tres meses. Pasado este tiempo, se desvanece el artificio y aparece la auténtica adquisición. No hay más posibilidades que las que le definimos a continuación: está comprobado científicamente. Algunos se presentan en estado puro, que es como nosotros los representamos, y otros pueden tener mezcla de varios tipos. No hay uno perfecto ni recomendable a priori; todos tienen sus ventajas y sus inconvenientes: usted tendrá que decidir. Una aclaración: el número de ejemplares de cada especie que queda en libertad corresponde a la fecha de publicación del libro. Si usted está leyendo esto en el año 2040, probablemente ya no quedará ninguno; lo sentimos mucho.

HOMBRES. TIPO 1
EL MANITAS O BRICOLAJERO

Vive obsesionado con una idea que recorre su mente las veinticuatro horas del día: «Yo también puedo hacerlo». No soporta pasar un día sin escuchar el motor del taladro. Está convencido de que podría presentar *Bricomanía* y el gran sueño de su vida es construir una casa con sus propias manos. A diferencia de otros hombres, él está deseando que su mujer le pida una estantería para el trastero.

Ventajas: Te puede construir todos los muebles de la casa, que para empezar está muy bien. Si vas al hipermercado, lo dejas en la sección de herramientas y puedes llenar el carro con lo que quieras. Nunca compra ninguna porque las tiene todas. Otra ventaja es que siempre está en casa haciendo algo; o sea, que puedes salir y dejarlo al cuidado de los niños.

Inconvenientes: Todos los muebles que haga serán cuadrados. La casa para ellos nunca está acabada: vivir con uno es estar siempre de obras. Le excitará más la viruta de la madera que las puntillas de tus bragas; olvídate del sexo. Tendrás que ayudarlo a sujetar las maderas para que él las corte y acabarás barnizando todo lo que haga. Te convertirá en su peón y se enfadará si no diferencias entre un tornillo y un tirafondo —el tirafondo es el que acaba en punta—. Al final suspirarás porque aparezca un carpintero profesional en casa, sobre todo para lo del sexo.

Ejemplares en libertad: Trece mil del tipo medio. Y que se atrevan con la instalación del agua y de la luz, dos mil. Estos últimos son los más peligrosos.

OSCAR TEROL

HOMBRES. TIPO 2
EL ORGANIZADOR

También llamado el perejil de todas las salsas. Tiene el don de estar siempre implicado en la organización de cualquier actividad, torneo, certamen, reunión, jornada, charla, campeonato, desfile, acto, memorial, evento, concurso, competición, prueba, carrera, festival, fiesta, exposición, excursión, viaje, comida y cena que se celebre en su localidad. Todo lo hace por amor al arte y es consciente de que, si él no lo organiza, no lo hace nadie. También suele ser entrenador de deportes absurdos en categorías juveniles. No va a misa todos los domingos, pero se encarga de organizar la cabalgata de los Reyes Magos y las procesiones. Curiosamente, en casa no sabe ni dónde están los interruptores de la luz. Al final de su vida siente recompensados sus esfuerzos con una «cena homenaje» en su nombre en la que le regalan una placa de plata con la siguiente inscripción: «Gracias por una vida dedicada desinteresadamente a los demás». Después ya puede morir tranquilo.

Ventajas: Ideal para mujeres a las que les guste tener tiempo libre y aventuras. Sólo hay que estar con él los diez días de la luna de miel y cuando se pone enfermo.

Inconvenientes: Es demasiado popular, lo conoce todo el mundo y eso dificulta el tránsito si vas con él por la calle; cada dos pasos lo pararán para saludarlo. Recorrer cien metros te costará una hora. Todas las semanas tendrá cuatro o cinco cenas a las que estarás invitada; a todas no podrás decir que no, así que engordarás.

Ejemplares en libertad: Cuarenta y cinco mil.

HOMBRES. TIPO 3
EL DEPORTISTA

Este tipo de hombre dedica todo su tiempo libre a competir contra él mismo. Se apunta al último deporte que esté de moda y se compra toda la parafernalia. Sí, es ese cuarentón que es capaz de ir con unos patines en línea por el centro de la ciudad sin ningún pudor o bajar en piragua un río por el que no se atreven a subir ni los salmones.

Ventajas: Una por encima de todas es que suelen estar bastante buenos; se les notan todos los músculos del abdomen pasados los 40, todo un lujo. Son ideales para pasearlos por la playa o la piscina en verano; tus amigas, de la mano de un criador de michelines, y tú, con tu Tarzán. Comen sano y eso se agradece porque te ayudan a controlarte. Aprenderás a diferenciar las grasas de las proteínas y de los hidratos de carbono.

Inconvenientes: Si les da por el maratón, se te quedan hechos una birria y en la cama te clavan todos los huesos. Están de buen ver, sí, pero toda la energía la emplean en la práctica del deporte; cuando llegan a casa, están desfondados. Olvídate del sexo salvaje y de la pasión desenfrenada: tú, arriba haciendo todo el trabajo, y no lo menees mucho que le dan calambres por todo el cuerpo. Es como tener un Jaguar y no poder echarle gasolina. Ay, si pillaras al gordito de la playa. Algunos llegan a cuidarse como un deportista de élite, pero tú serás la patrocinadora oficial.

Ejemplares en libertad: Treinta mil, lesionado más, lesionado menos.

OSCAR TEROL

Hombres. Tipo 4
El seta

Destaca por no destacar en nada. No tiene aficiones ni habilidades, ni siquiera encanto personal. Su máxima aspiración es estar delante de la tele largas horas, es como si hubiera brotado en el sofá. Cada dos años, coincidiendo con las Olimpiadas y los Mundiales de fútbol, se permite locuras tales como darte una palmadita en el culo al grito de «¡Hoy juega Brasil, cariño!».

Ventajas: Mancha poco, no gasta y ocupa poco espacio. Del sofá no sale, así que el resto de la casa es para ti y para tus aficiones. Te hace mucha compañía cuando estás en el salón y, como parece que te escucha, le puedes contar lo que quieras porque no te va a llevar la contraria ni te va a dar consejos como tu amiga o el psicólogo. Es muy fiel.

Inconvenientes: Ninguna de tus amigas recordará nunca su nombre, siempre se referirán a él como «tu marido». Te pasarás toda la vida preguntándote por qué te casaste con semejante hongo y no encontrarás la respuesta. No suelta el mando a distancia ni para meterse en la cama: es imprescindible tener otra tele en la casa. Su alimentación estará compuesta por todo lo que se pueda meter en un cuenco y comer con las manos sin quitar el ojo de la pantalla. No ayuda a mantener una dieta sana. Nunca te acostumbras a que hable con los árbitros y los jugadores de fútbol los días de partido.

Ejemplares en libertad: Cuarenta mil.

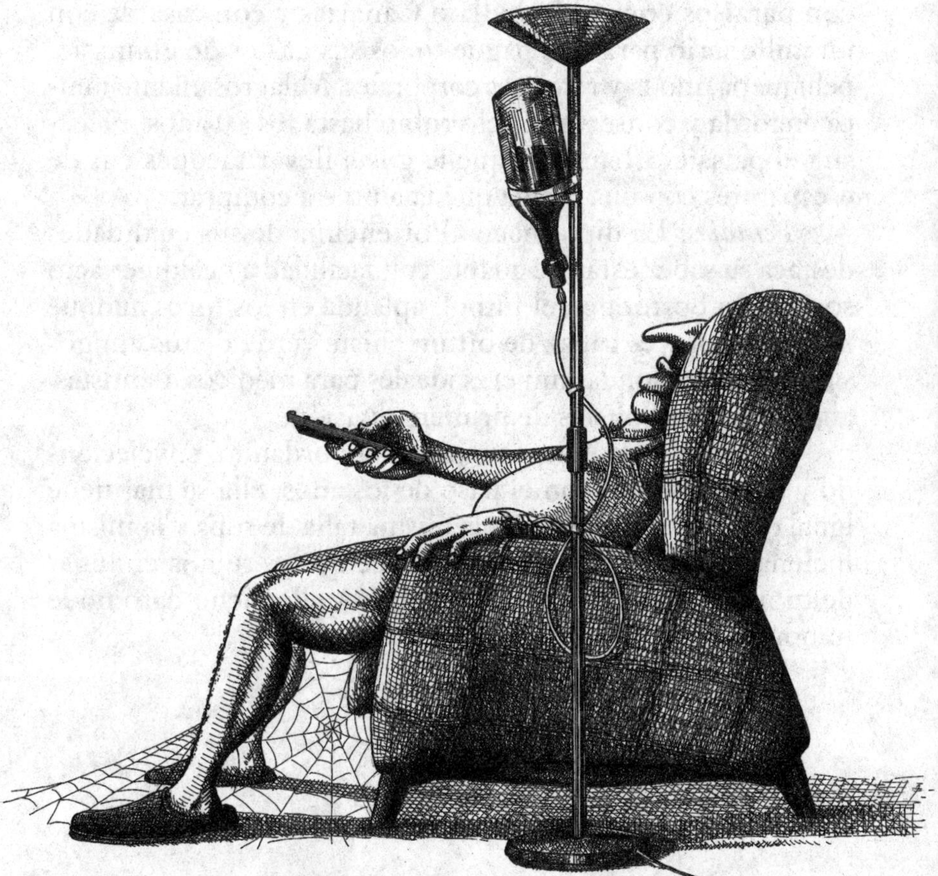
OSCAR TEROL

MUJERES. TIPO 1
LA VUELTA Y VUELTA

Le encanta el sol o, en su defecto, los soláriums. Podríamos definirla como adicta a los rayos uva. Su única preocupación es darse la vuelta cuando ya está tostada por un lado. Sueña con paraísos como Marbella o Canarias y con casarse con un millonario para que pague todos sus gastos de gimnasio, peluquería, moda y retoques corporales. Milagrosamente nunca engorda y conserva el pelo rubio hasta los 70 años. Necesita el paisaje urbano porque le gusta llevar tacones e ir de escaparates con una amiga que la anime a comprar.

Ventajas: La diplomacia. Por encima de sus cualidades destaca su saber estar: se adapta con facilidad a cualquier acto social. No bosteza en el fútbol, aplaude en los toros aunque no le gusten y es capaz de oír un chiste verde de tus amigos sin pestañear. Son las mujeres ideales para médicos, dentistas, abogados y futbolistas de primera división.

Inconvenientes: Mientras tú vas engordando, envejeciendo y encaneciendo con el paso de los años, ella se mantiene igual que el primer día, con la misma talla de ropa y la misma melena rubia. Pasados los 50, parece que es tu hija en lugar de tu mujer y eso deprime bastante. A ella dicho dato no le importa siempre y cuando haya sol.

Ejemplares en libertad: Quince mil.

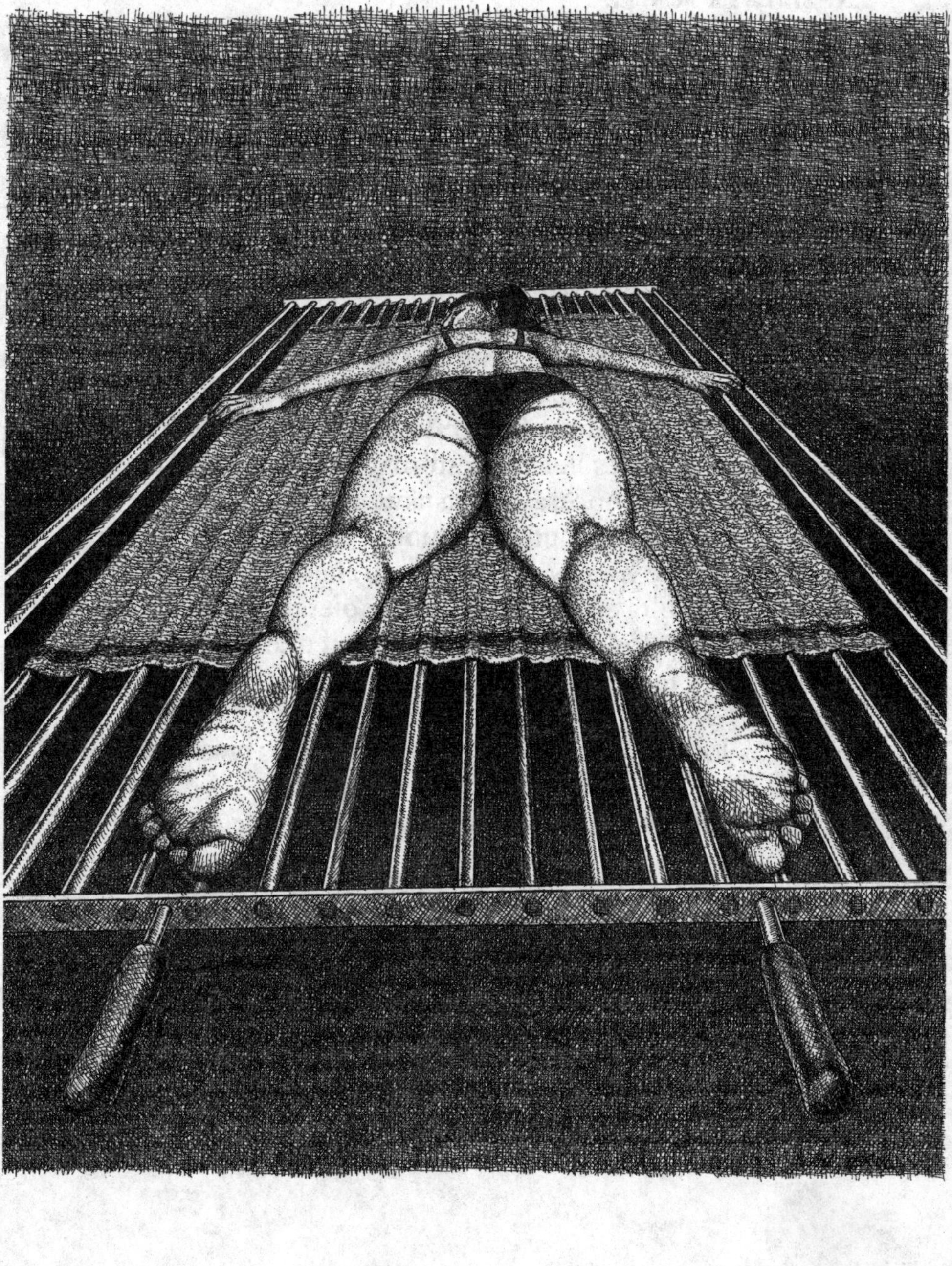

Mujeres. Tipo 2
La 'flower power'

Es un tipo de mujer que no camina: flota en el aire. Es una forofa de todo lo que venga de Oriente. Da lo mismo que sea una barrita de sándalo o una hamburguesa de tofu. Generalmente, es vegetariana y practica la homeopatía como una posesa. En todas las conversaciones introduce la palabra *energía*. Vive estresada porque quiere recibir clases de yoga, taichi y meditación trascendental el mismo día.

Ventajas: Conviviendo con una mujer así aprendes a sentarte con la espalda recta, a comer con palillos y lo bien que se duerme escuchando música *new age*. Te sorprenderá comprobar que los alimentos integrales no son tan malos como parecen y que puedes llenar el estómago sin necesidad de comer un animal. Conocerás a Krisnamurti.

Inconvenientes: Será un matrimonio con mucha soja. Además, tendrás que hacer cosas muy extrañas, como cuidar de un kéfir que habita en tu frigorífico. Te olerán a incienso hasta los pensamientos. Descubrirás lo difícil que es planchar la ropa de lino y lo caro que es Ibiza. Su proselitismo es imparable: a los dos meses habrás dejado el tabaco; a los cuatro, el alcohol; a los seis, la carne, y a los ocho, la habrás dejado a ella.

Ejemplares en libertad: Muchas más de lo que parece.

MUJERES. TIPO 3
LA SACRIFICADA

Su vida consiste en estar constantemente pendiente de los demás miembros de su familia. Es como un compendio de los servicios asistenciales. Es tu cocinera, tu enfermera, tu trabajadora doméstica, tu niñera, tu madre y tu amante a la vez. Y todo esto sin sueldo y sin cotizar a la Seguridad Social.

Ventajas: Obvias, las que usted está pensando.

Inconvenientes: Son tantas sus atenciones que te abandonas a ellas y acabas por depender totalmente de sus cuidados. En pocas palabras, te malcrían. Y cuando te han llevado a ese estado patético y lamentable, empiezan con los reproches. Es entonces cuando te darás cuenta de que tú también estabas incluido en las perífrasis verbales del tipo: «Hay que bajar la basura», «Habría que llamar al electricista esta semana», «Hay que hablar con el profesor del niño», etcétera. Los «Hay que...» te acabarán sonando fatal, como si fueran los disparos de un cazador a un cervatillo. Intentarás rebelarte contra ellos y pedirás más concreción: «Si quieres que baje la basura, dímelo claro, cariño; no te había entendido». Y sentirás que la cagas, vamos, que ya estabas metido en la arena movediza y ahora te has puesto a bailar reaggetón. Te hundes y sólo te puede sacar una persona: *tu socorrista*.

Ejemplares en libertad: Aunque parezca mentira, todavía quedan sesenta mil.

MUJERES. TIPO 4
LA 'SUPERWOMAN'

Es la evolución de la mujer sacrificada. Sólo que a los desvelos domésticos añade una profesión liberal absorbente. Eso sí, tiene que ser la primera en todo y nunca puede mostrar síntomas de flaqueza. Además del hogar y del trabajo fuera de casa, saca tiempo para ir al gimnasio y cultivarse: lee y va al cine, a conciertos y exposiciones. Y si hay algún miembro de la familia en el hospital, ella será la que pase las noches con él.

Ventajas: Por increíble que parezca, también tiene tiempo para enfundarse un buzo y pintar la casa, arrancar la moqueta y pedir los presupuestos en caso de hacer reformas. Puede con todo.

Inconvenientes: A su lado uno se siente un vago de siete leguas. Por mucho que hagas, ella siempre va por delante, es imposible seguir su ritmo. Tiene la agenda más repleta que un presidente de gobierno y su mujer juntos, y, al igual que los presidentes, siempre tiene una sonrisa en la boca. A diferencia de *la sacrificada*, este tipo de mujer no te lanza ningún reproche. Parece que todo está bien pero tú empiezas a inquietarte porque, irremediablemente, te conviertes en un espectador de su vida esperando el día en el que te dé la patada y te deje plantado. Ocurre a menudo.

Ejemplares en libertad: Treinta mil.

OSCAR TEROL

quinta parte

La familia

La familia vasca

La familia, la familia, la famiiiilia. Si usted hoy no se ha levantado muy vasco de la cama, esto de «la familia» le sonará a película de mafiosos con Robert de Niro y su lunar como protagonistas; es lo normal. Ahora bien, si le fluye la *vasquitud* por los conductos internos, al leer el título de este capítulo sólo habrá pensado en el conjunto de sus parientes y la comida del domingo en casa de la suegra; también esto es normal. Porque una de las cosas que más llama la atención en pleno siglo XXI es la importancia que sigue teniendo para los vascos la institución familiar. Es más, sin temor a equivocarnos, podemos afirmar que la familia prácticamente ha desaparecido en Occidente salvo en Euskadi. No sólo se conserva, sino que goza de muy buena salud. Estamos hablando de la familia tradicional, esa que retrataban tan bien las películas españolas de las décadas de 1950 y 1960. Porque no hace muchos años, en lo que se conoce todavía con el nombre de España, había familias, muchas familias; eran la base y las columnas de la sociedad. Y no se sabe muy bien por qué la familia ha ido desapareciendo. Algunos lo achacan a los gobiernos socialistas y sus leyes liberales porque no ayudan a mantener vivos los valores de la familia. Otros creen que la sociedad de consumo ha pervertido tanto al hombre que la pareja ha pasado a ser un producto con fecha de caducidad. Nosotros respetamos cualquier teoría de tertulia mañanera, pero creemos que hay que ser más riguroso a la hora de enfrentarse a un tema tan controvertido. Conrad Aguirre ha dedicado muchos años a estudiar este fenómeno y en su libro *The family in Spain* lo explica con claridad: «La desaparición de la familia en España se debe a la retirada de la programación de *Un, dos, tres, responda otra vez*, último gran programa con espíritu familiar de la televisión. Además, Conrad Aguirre, en su tesis doctoral *El maleficio de la Ruperta*, describe minuciosamente el paralelismo entre las diferentes etapas del concurso y las fases del declive de la familia española. Con Kiko Ledgard al frente España vivía en familia. Coño, esto es innegable. La noche de los viernes delante de cada televisor había una foto de familia. Con la llegada del color y de Mayra Gómez Kemp como presentadora empezaron a proliferar las infidelidades, las separaciones y se coqueteaba con la idea del aborto libre, pero la familia todavía existía. El pobre Jordi Estadella hizo lo que pudo, pero su paso por el programa coincidió con un gran descenso de natalidad y el proyecto de la ley del divorcio. La familia resistía, a duras penas, pero resistía. Y luego llego el Roderas ése, con su sonrisa de superhéroe americano, el último intento de TVE por unirnos delante del televisor un viernes por la noche. Y aquí hizo aguas hasta la familia Ruiz Mateos. La era Roderas trajo la Ley del aborto y la de matrimonios homosexuales, y los jóvenes salieron a la calle a practicar el botellón en lugar de quedarse en casa viendo la tele. El fin de la familia española. Algunos nostálgicos creen que reponiendo el *Un, dos, tres* de Kiko en blanco y negro España volvería a creer en la familia. Ha habido algún intento de hacer programas familiares al estilo del mítico concurso; por ejemplo, ese veraniego de la vaquilla y los trompazos a cámara lenta, pero no consiguen unir a toda la familia delante el televisor. Corren ya otros tiempos.

¿Y por qué en Euskadi no afectó la retirada de *Un, dos, tres* y la familia mantiene su vigor? Por una razón muy sencilla: porque a diferencia de otras culturas, en las que la familia se regía bajo la autoridad del padre, en la cultura vasca la familia es propiedad de la madre.

El imperio de la madre: el matriarcado

No descubrimos nada nuevo cuando decimos que en las familias vascas mandan las mujeres. Casi todo el mundo ha oído alguna vez hablar del famoso *matriarcado* en alguna tertulia o en algún documental de La 2. Lo que nunca nos explican es cuánto mandan las mujeres realmente. ¿Cómo se vive en un matriarcado? No es fácil responder a esta pregunta porque los que viven bajo la influencia de la matriarca no pueden hablar libremente. El poder de la madre es tan grande que anula al individuo, lo deja reducido a su rol familiar: sólo puede pensar como un hijo, como un marido, como una cuñada; su influencia es tal que pierdes la objetividad y la capacidad de razonar.

Sabíamos que había más probabilidades de filmar al calamar gigante en libertad que obtener información veraz sobre el matriarcado. Aun así lo hemos conseguido. Este acercamiento a la familia vasca ha sido posible gracias a las conversaciones secretas que el antropólogo Conrad Aguirre ha mantenido en Suiza con algunos vascos resentidos, sobre todo cuñados viejos y nueras despechadas.

El hombre no pinta nada

La función del hombre es la de aportar el apellido que dará nombre a la familia y a la empresa familiar porque casi todas las familias tienen una empresa —ahondaremos en este tema más adelante—. Básicamente, la triste misión del varón está descrita en la frase anterior. Es curioso porque, cuando uno ve a esos morroskos de cara sonrosada y con manos de gorila, levantando piedras de cientos de kilos, piensa que tienen que ser ellos los que guíen a sus familias. Pues no, no es así. Cuando ese portento de la naturaleza con una fuerza descomunal, o ese científico vasco con premio Príncipe de Asturias, o el empresario vasco más admirado del momento cruza el felpudo de su casa, se convierte en un guixajo*. Es cierto que en determinadas ocasiones el abrumador dominio de la mujer no se manifiesta delante de otros hombres, sobre todo si son amigos de la víctima, y es de agradecer. Es la vieja táctica de la *correa extensible*, que consiste en dejar que el hombre crea que decide sus movimientos cuando en realidad es la mujer la que lo lleva de un lado a otro: ley fundamental del matriarcado.

Casi todo está bajo el control de la mujer: administra los bienes materiales y lleva las riendas emocionales de la familia. Y decimos «casi todo» porque hay una parcela que la mujer, muy inteligentemente, cede al hombre: el coche. Una vez comprado, claro está, porque para comprarlo hay que negociar el color, el modelo y el equipamiento. Muchos hombres han hecho del coche su hogar, su paraíso, su patria. Se está llegando a unos extremos tales que es frecuente ver a muchos hombres pasando el aspirador de su automóvil, limpiando los cristales y vaciando los ceniceros con autentica devoción, cosa que nunca harían en sus casas. Hay incluso quien ha comprado a escondidas un espray en la gasolinera y se ha atrevido a quitar los ronchones a la tapicería.

La empresa familiar

Para entender el funcionamiento y el orden interno de la familia tradicional vasca, es necesario conocer la estrecha relación que tiene con el mundo de la empresa. En el País Vasco todas las empresas son familiares; de hecho, no existe ninguna multinacional vasca, entre otras cosas porque sería un contrasentido. En el resto del mundo las empresas familiares suelen ser las pequeñas, las que dan trabajo solamente a los miembros de la familia y como mucho a sus ex parejas. En Euskadi las grandes empresas de cientos o de miles de tra-

* Guixajo: palabra que no tiene fácil traducción, pero haciendo un esfuerzo sería algo así: gusano de seda con mezcla de cobaya blanca de laboratorio, cervatillo herido y monito triste que te mira desde dentro de la jaula de un zoológico.

bajadores también pertenecen a una familia. Por ejemplo: Cementos José Mendizábal, propiedad de los Mendizábal. Y cuando se muera el bueno de José Mendizábal, la empresa se llamará Cementos Viuda e Hijos de José Mendizábal; al morir la madre, Cementos Hijos Huérfanos y Nietos de José Mendizábal. El caso es que la fábrica de cemento será de los Mendizábal que estén coleando en ese momento. En el País Vasco el nacimiento de un niño no sólo aporta un miembro más a la foto familiar, pues el bebé se convierte directamente en trabajador de la empresa; algunos tienen nómina desde la teta.

Cada familia se dedica única y exclusivamente a un sector: los Mendizábal al cemento, los Gorostidi a la madera, los Retegui al deporte, etcétera. Si naces Mendizábal y quieres dedicar tu vida a la medicina, tarde o temprano te darás cuenta de que es imposible: no podrás librarte del polvo del cemento. Como buen vasco, te dedicarás a lo mismo que se dedicó tu padre, tu abuelo, tu bisabuelo... Las familias vascas eligieron su actividad hace más de doscientos años. Por eso no hay ninguna que se dedique a la informática; de lo que se deduce que los Gates no son vascos.

La losa del apellido

Efectivamente, el apellido es como una losa que no te podrás quitar nunca de encima. Nacer en una familia vasca es igual que interpretar una obra de Shakespeare: es un lujo para el actor, pero el guión está tan bien construido que no te puedes salir porque los demás se pierden. El que quiera improvisación que se vaya a nacer al sur. En el País Vasco la vida la tienes diseñada de antemano y sólo tienes que hacer «lo que se espera de ti», y es muy importante no defraudar. Hay pocas cosas que podrás elegir a lo largo de tu existencia: el tamaño de los helados de cucurucho —porque el sabor lo decide la familia— y la cadena de televisión cuando estés a solas.

Este apego a la tradición familiar causa situaciones dramáticas; familias como los Ayala, con cinco hijos y los cinco traumatólogos, como el padre (Agustín Ayala). Claro que, vocación sólo tenía uno, el pequeño; los demás han salido unos matasanos de mil pares de narices —si usted ve a alguien luciendo cojera por las calles de San Sebastián, no mencione el nombre de Ayala por si acaso—. Otra gran desgracia es que tu padre haya sido deportista profesional, pues estarás obligado a seguir sus pasos aunque tengas la motricidad de un mamífero trepador australiano. Por no hablar de las familias de artistas, ya que en Euskadi se pueden encontrar familias en las que hay más escultores que en toda Castilla-La Mancha. Esa misma que le ha venido a la cabeza, por ejemplo. Se estará preguntando usted si existe alguna posibilidad de rebelarse contra esta norma. Sí, es posible cambiando de familia, algo que sólo se puede conseguir emparejándose con un miembro de otro clan, no sin antes haber pasado las duras pruebas de acceso —de las que hablaremos más adelante—. O la clásica opción de ser la oveja negra.

El hijo raro, la oveja negra, el disidente

En familias con mas de tres hijos cabe la posibilidad de que a uno de ellos se le dé licencia para ser un disidente. Este miembro podrá desoír los dictámenes familiares y hará con su vida lo que quiera. Será la oveja negra del rebaño y dedicará más horas al ocio que al trabajo. Se inventará profesiones que encajen con sus aficiones o con las de la chica o el chico que le guste en cada momento de su vida. Hará teatro, cortos de cine, organizará excursiones en velero por las islas griegas o le dará el siroco espiritual y se hará budista con billete de vuelta. Vamos, que por la acería de su padre nunca se le verá el pelo. No obstante, estará obligado a acudir a las comidas familiares más importantes si quiere seguir estando en la lista de espera de la herencia. Y curiosamente, además, estos últimos, los *hijos raros*, son los que más pellizco sacan al botín familiar porque caen simpáticos.

¿Cómo es posible que una familia tradicional vasca permita que le salga un hijo tarambana? Tiene su explicación. Antiguamente, y no hace tantos años, los hijos primogénitos heredaban el caserío y los *segundos* se dedicaban a la vida religiosa. Es decir, las familias ya sabían que, irremediablemente, tenían que pagar un «peaje místico»; de cinco hijos, sólo cuatro sudarían la camiseta. Hoy en día, que el espíritu santo no necesita tanto trabajador, se ha quedado vacante en las familias la figura del hijo cura y se ha sustituido por el farandulero. La única diferencia es que ahora no tiene por qué ser el que haya nacido en segundo lugar, puede ser cualquiera. Y le corresponde a la madre decidir cuál de sus hijos ocupará el puesto de *hijo sensible*. No se sabe a ciencia cierta qué criterios sigue para tomar esa decisión, pero, según Conrad Aguirre, ocurre en la lactancia. El hijo que mama con más suavidad, ese que no quiere arrancar el pezón de la teta, es el elegido.

Me he liado con un vasco (versión para mujeres)

(En estos capítulos permítanos tutearlo).

Por fin, te has decidido y te has liado con un vasco. Enhorabuena. A decir verdad, no tiene mucho mérito lo que has hecho: es como ir de cacería a un zoológico; el vasco es presa fácil. La cosa se empieza a complicar a partir de ahora, pero no te asustes, te vamos a explicar lo que te espera para que no te pille de sorpresa.

Querida amiga: durante los primeros meses a menudo tendrás la sensación de estar trabajando como corresponsal de la guía gastronómica Michelin. Sí, vas a descubrir que el estómago, al igual que el cerebro, es un órgano que tenías desaprovechado, pues sólo estabas utilizando el 10 por ciento de su capacidad hasta que conociste a tu pareja. Cuando antes decías «No me entra más comida», en realidad te estabas autolimitando. En esta fase inicial de la relación las decenas de miles de calorías de más que entrarán en tu cuerpo las podrás quemar con el sexo apasionado. Pero, ¡cuidado!, no te dejes engañar por los primeros meses, pues el sexo desaparecerá paulatinamente de su relación, no así las comilonas, que irán a más.

Un día, varios años después de haberte conocido, en el transcurso de una cena, pelando un langostino, y mientras se chupa los dedos uno a uno, tu novio te dirá: «Oye, *chups*, mañana tenemos comida en casa, *chups*, de mis padres, joder, *chups*, así te conocen y, *chups*, te hacen las preguntas a ti. ¡Están cojonudos!, ¿eh? Los de ayer eran congelados». Éste es el momento en el que hay que decidir si salir corriendo o entregarte al sacrificio. Te quedarás.

El primer día que entras por la puerta: el sacrificio (versión para mujeres)

Ha llegado el día de conocer a la madre de tu novio. Te vas a enfrentar a la prueba de fuego: la impresión que cada una saque de la otra es fundamental. Bueno, también conocerás al padre y a los hermanos, pero eso es lo de menos.

La información que tienes de la familia de tu novio es escasa a pesar de que llevas varios años con él. Sabes que su madre hace unas croquetas muy buenas y poco más. Un vasco nunca habla de ese tema, ni siquiera con su novia.

Cuando estéis subiendo las escaleras de la casa de la madre, del templo, él hará como que te recuerda el nombre de sus padres; en realidad, será la primera vez que te lo dice. Acto seguido, se parará delante de una puerta —maciza de roble— y te dirá con una sonrisa tonta: «Ya hemos llegado». Pulsará el timbre antes de meter la llave en la cerradura: es el aviso para que cada miembro de la familia ocupe su lugar en la casa. Después de abrir la puerta, y con la misma sonrisa imbécil de antes, te dirá: «Bueno, pues aquí es», comentario que no aporta nada, pero no lo escuchas porque tú en ese momento estás concentrada en otro de tus sentidos; sí, el olfato. Te ha llegado la primera bocanada del olor de la familia, esa mezcla de aromas que hace singular cada casa. Es un dato muy importante porque será el olor que llevarás impregnado en toda tu ropa, y hasta en el alma, si decides formar parte del clan. Por los jerseys y los abrigos de tu novio ya te habías hecho un idea de la fragancia familiar, y es ahora cuando acabarás de definirla. Le sacarás todos los matices: si predomina la lejía sobre la fritanga, si usan naftalina en los armarios, si la casa se ventila regularmente, cuándo se coció la última coliflor y ese tipo de cosas.

Tu novio, ajeno a tu cata aromática, te conducirá por un pasillo largo hasta llegar al salón. Allí, sentados en el sofá, estarán sus padres, que te mirarán sonrientes y permanecerán inmóviles durante unos cuatro segundos. En ese breve espacio de tiempo ya sabes que el cerebro de la madre ha trabajado a una velocidad cuántica para hacer tu ficha técnica. Empleará el primer segundo para analizar tu indumentaria, buscando con el GPS rasgos de excesiva *modernez*. Un segundo después ya sabe si tienes tendencia a la depresión; otro segundo y ya ha intuido perfectamente si estás con su hijo por dinero o por amor. El cuarto segundo lo ha utilizado para imaginarse que estás embarazada con su nieto dentro de la barriga. El padre sólo ha tenido tiempo para pensar lo buena que estás. Es entonces cuando tu morrosko dice: «Ésta es la amiga de la que os hable el otro día. El domingo vendrá a comer. Bueno, nos vamos que se nos hace tarde». (¿Tarde para qué?)

Ya estás controlada, tienes presencia física para la familia. La primera prueba está superada y estás preparada para el rito de iniciación: la comida familiar del domingo. Míralo por el lado bueno: si hubieras nacido hombre y en África, tendrías que matar un león con una lanza para ser admitido en la tribu.

Me he liado con una vasca (versión para hombres)

Es una de las mejores cosas que te ha podido pasar en la vida. No tengas la más mínima duda. Abandónate a ella, entrégate, tu vida está en sus manos. El noviazgo será bonito, a fuego lento, sacando la sustancia poco a poco. La mujer vasca tiene un plan trazado: si te ha elegido es porque quiere celebrar contigo las bodas de oro. Y no te preocupes por lo del sexo, que vas a tener tu ración; igual no es diaria, pero tendrás días de empacho, te lo aseguramos. Debajo de esos jerseys de lana vas a descubrir las prendas de lencería más sofisticadas del mercado: tangas de cordel y la mítica braga con el estampado de leopardo, descatalogada ya en muchos países de Europa. La mujer vasca lleva la minifalda en el alma, no necesita ponérsela como las caribeñas. Así que tranquilidad y a gozar.

Hombre, tendrás que enfrentarte al día de la presentación ante los padres, en el que habrá que aguantar la incómoda mirada del padre mientras piensa eso de: «Éste es el cabrón que se está tirando a mi hija». Y luego tendrás que demostrar tu arte en la primera comida familiar. Tu objetivo allí será conquistar a la madre. Si lo consigues, esta reencarnación la tienes ya resuelta.

La primera vez que comes con una familia vasca (válido para hombres y mujeres)

Lo primero es lo primero: vas a comer de puta madre. La señora de la casa ha estado toda la mañana preparando la comida y, entre otros manjares dignos de una boda real, ha hecho sus famosas croquetas.

Aunque parezca una simple comida de presentación, lo que vas a vivir es una operación estratégica de alto nivel con un objetivo claro: obtener toda la información acerca de ti y de tu familia. Los métodos que utiliza la madre vasca para la investigación están siendo estudiados por la CIA porque demuestran mucha eficacia sin necesidad de torturar. Bueno, si no se considera tortura una comida de veinte mil calorías.

¿Qué quieren saber exactamente? Básicamente, cómo es tu familia, si tiene dinero, propiedades o acciones, y si viven de acuerdo con una moral recia asentada en la tradición cristiana. Las familias de nuevos ricos no son bien vistas porque el dinero que entra rápido sale igual de veloz. Así que no te extrañe si se interesan más por tus padres y por tus abuelos que por ti.

Vamos a seguir la secuencia completa de una comida clásica en la que tu pareja te presenta a toda su familia. En este simulador de comida familiar vamos a colocar cuñados, cuñadas y algún sobrino pelma, o, lo que es lo mismo, problemas añadidos para que la recreación se aproxime fielmente a la realidad.

Empieza la comida

En la mesa habrá entrantes fríos variados; son indispensables el jamón o el lomo ibérico y algún marisco cocido, cigala o langostino. En esta fase sólo te harán una pregunta: «¿Bebes vino?». Puntúa decir que sí porque las personas que no beben vino no son de fiar para un vasco. Si no bebes, puedes decir que sí, pero que estás con antibióticos para curar un catarro. Si vas a beber, ojo, porque te llenarán la copa cada vez que la vacíes y llevarán la cuenta de las copas que te has bebido. El abuso del alcohol tampoco está bien visto en presencia de la familia: bebe con moderación si quieres caerles bien. En esta fase inicial creerás que nadie está pendiente de ti porque no te hacen preguntas; no bajes la guardia: ellos están haciendo el test del jamón y del langostino.

El test del jamón y del langostino

Como decíamos antes, en la mesa hay un plato con jamón y una fuente repleta de langostinos; en realidad, son trampas. Si te ven comer jamón, respirarán tranquilos, pues no se les va a colar un vegetariano en la familia. No son bien recibidos, la verdad sea dicha. ¿Y los langostinos qué les aportan? Información sobre tu estatus. Las personas que no tienen poder adquisitivo, cuando están delante de una fuente de langostinos, se tiran de cabeza. Si en tu plato hay más peladuras de crustáceo que en el de cualquier otro comensal, mala señal: eres más pobre que Carpanta, aunque vistas de marca. Come dos o tres, es suficiente. Y pélalos con la mano: los pijos que los pelan con los cubiertos no gozan de la admiración de un vasco como Dios manda; «Las manos que trabajan pueden tocar la comida».

Llegan las croquetas

Mientras te estén haciendo la prueba del jamón y del marisco, la madre estará en la cocina agarrada a una sartén y preparándose para hacerte la pregunta crucial. Al llegar al salón con la fuente rebosante de croquetas —su especialidad—, y entre los gritos de júbilo de sobrinos y cuñados, como quien no quiere la cosa te preguntará: «¿Y a qué se dedica tu padre?». Notarás que, casualmente, todo el mundo se calla y las miradas se dirigen hacia ti, incluso las de los vecinos, aunque tengan un tabique de por medio. Aquí ten cuidado, te la juegas. Si tu padre tiene una profesión de esas que gozan del prestigio social, como médico, abogado, arquitecto, no hay problema; lo dices y todo el mundo sigue comiendo tranquilamente. Ahora bien, puede que tu querido padre trabaje de celador en un hospital, de jardinero, de limpiacristales, en el peaje de la autopista, en un espectáculo cómico taurino, etcétera. Profesiones tan nobles y necesarias como las anteriores, pero que, para tu primer día con la familia, hay que maquillarlas un poco. Si no lo haces, te mirarán con cara de compasión. Hay una respuesta que puedes dar para poner a prueba el sentido del humor de la familia, y es decir que tu padre trabaja en el Polo Norte matando focas a palazos. Esperas unos segundos y luego les dices que es broma. Si hay espíritu surrealista en el clan, lo sabrás enseguida; si no lo hay, vivirás tu primer «tierra trágame» del día. A lo que íbamos, te vamos a dar una lista de profesiones cuyos nombres hemos maquillado para que pasen inadvertidas y nadie se atragante.

Limpiacristales = técnico de una empresa que mejora el paso de la luz.

Celador = máximo responsable de las tareas de apoyo en un hospital.

Jardinero = supervisor de espacios verdes o maestro podador.

Trabajador de peaje = trabaja en el área de economía de una red de infraestructuras. Y te da el tique.

Actor de teatro = trabaja en la conservación y el cuidado del patrimonio histórico y cultural de pueblo en pueblo.

Acomodador = responsable de distribución de los recursos humanos en la industria del cine. Y lleva linterna.

Concejal de urbanismo del ayuntamiento de Marbella = celador, limpiacristales, jardinero, etcétera.

ACCIONES PARALELAS: LA GUERRILLA DEL SOBRINO

Durante toda la comida la familia utilizará a los sobrinos para poner a prueba no sólo tu paciencia, sino la manera en la que te relacionas con los niños. Esto es muy importante: una persona a la que no le gusten los niños es una amenaza para una tribu cuyo objetivo principal es perpetuarse a lo largo de los siglos. Ellos van a querer ver el interés que tienes por los niños y también tu capacidad de gobierno sobre ellos. Tendrás que prestarles atención y aprenderte sus nombres —que serán muy raros—, pero lo que no puedes permitir, bajo ningún concepto, es que se te suban a las barbas. No hagas demasiadas concesiones a los «pequeños diablillos» el primer día, no les pongas caras raras ni les hagas trucos de magia, no te los quitarás de encima. En este punto conviene recordar que a la que te tienes que ganar es a la madre: nunca despistes el objetivo principal. Recuerda una cosa muy importante: ellos están en guerra contigo, tú tienes que defenderte.

El ataque del sobrino kamikaze

En algún momento de la comida verás que falta un niño, pues hay un asiento vacío detrás del plato de macarrones —el menú infantil es igual en todas partes—; al rato notarás movimiento por debajo de la mesa: es el sobrino kamikaze. Su objetivo es verte las bragas si eres mujer y, si eres hombre, intentará unirte los zapatos con un nudo en los cordones para que te caigas al levantarte. ¿Qué podemos hacer ante esta amenaza? Lo más recomendable es darle una ligera patada o pisarle la mano con el tacón. Es una maniobra complicada porque nadie lo tiene que notar encima de la mesa. El niño no dirá nada porque sabe que estaba haciendo el mal y tú te quedas muy a gusto, las cosas como son. Si no atajas esto en la primera comida, en las sucesivas ocasiones acabará por quitarte las bragas para subastarlas entre sus amigos.

La guerra psicológica del sobrino repipi

Es ese mocoso o mocosa que te fríe a preguntas desde que te sientas a la mesa. Por su interés acerca de algunos temas te darás cuenta de que, en realidad, te está interrogando en función de las conversaciones que ha oído de sus padres cuando hablan de ti. Al responderle piensa que respondes a sus padres, pero con dulzura. El niño te preguntará por tus relaciones anteriores —momento incómodo donde los haya—, si vas a tener hijos, por qué no vas a misa, si has fumado porros; en fin, que no te salva de un sonrojo ni la ONU en pleno. Si la situación te supera, lo mejor es dirigirse directamente a los padres y comentarles lo despierto que es el chaval. Se suelen dar por aludidos y generalmente lo mandan callar.

La guerra química

Siempre hay un sobrinito con inquietudes científicas que te elegirá como cobaya para sus experimentos. ¿Cuánto crece una miga de pan en contacto con el vino que hay en tu copa? ¿Cuánta pimienta puede soportar un invitado en la ensalada? ¿A qué sabe el café con sal? A éstos lo mejor es delatarlos con la frase que te hará ganarte media herencia en una familia vasca: «Niño, con la comida no se juega».

EL BUITREO DE LOS CUÑADOS

El cuñado es un estado de la materia que no tiene iniciativa propia, vive en régimen parasitario y gracias a su capacidad mimética puede llegar a confundirse con personas, pero, no, son cuñados.

Y éste es otro escollo importante que tendrás que salvar en la comida: el buitreo de los cuñados y cuñadas. Éstos, que estaban en la mesa y no te habían dado problemas en los primeros platos, pasando incluso inadvertidos, atacarán en el plato fuerte. En los entrantes el cuñado sobrevuela al igual que un buitre y espera tu momento de debilidad, de agotamiento, para pasar a la acción. *Hay que tener en cuenta que hace tiempo que hemos pasado las seis mil calorías* y nuestras defensas empiezan a flaquear. También ayuda considerablemente la desinhibición que les ha proporcionado el vino que han bebido a lo largo de toda la comida. Éste es un momento decisivo porque no hay nada más dañino que una cuñada añeja con la lengua floja; sabe que no va a heredar ni el pestillo de la casa del pueblo, así que su mordedura tiene más veneno que la de la viuda negra. Tienes que tener claro que tú eres su competidor, su oponente, uno más para repartir el botín de la familia; intentarán ponerte en aprietos ante la expectante mirada de la matriarca y su marido.

¿Cómo ataca el cuñado? Puede hacerlo en solitario, o en manada, como los lobos. La estrategia del cuñado se basa en sacar temas de conversación polémicos para que tengas que posicionarte continuamente. Vamos, que te buscará las cosquillas y te provocará para que te salgas de tus casillas. Temas espinosos como: nacionalismo o constitución, toros sí o no, Rajoy o Zapatero, extranjeros en el Atlhétic de Bilbao sí o no, la clonación, el aborto libre, la eutanasia, la pena de muerte para los violadores, etcétera. Claro, y siempre habrá uno que se pondrá de tu lado para hacer bando, con lo cual creerás que tu postura tiene adeptos en la mesa, te calentarás y hablarás más de la cuenta. Es un *cuñado cepo*, son lo peores, parece que están de tu lado y luego dan un giro de ciento ochenta grados y te dejan vendido. ¿Qué podemos hacer? Lo más recomendable es no mostrar posturas extremas, el camino del medio es el mejor: ni sí ni no, ni todo lo contrario. Dales constantemente la razón, no sabrán qué hacer con ella y acabarán por contradecirse. No critiques nada con demasiada vehemencia y muestra interés por el deporte y la gastronomía, eso gusta a todo el mundo. Aun así, te harán sufrir los muy cabrones.

La atracción de la cuñada

Si eres hombre, tendrás otro problema añadido. Una de las hermanas de tu novia, tu cuñada, te pondrá más cachondo que tu novia: está científicamente comprobado. Procura que no se te note demasiado en ésta tu primera comida; sería un mal comienzo, coño. Esta atracción de la cuñada algún día se convertirá en el único aliciente para afrontar las aburridas comidas con la familia, pero para eso hay que entrar en el clan, y todavía no lo hemos conseguido; te quedan varios miles de calorías y las temidas grasas animales de los postres.

El test del pastel

Otra de las estrategias que tienen como objetivo conocerte un poco mejor por medio de los alimentos es el test del pastel. Se llama así pero también se puede realizar con un bizcocho, una tarta, unas natillas, un arroz con leche, un flan, unos buñuelos o cualquier otro elemento de la artillería repostera pesada que a la madre se le antoje. Hay que decir que también aquí la matriarca se esmerará por hacer el postre que mejor sabe.

El test del pastel tiene un objetivo claro y es averiguar cómo se cocina en tu casa, algo tan importante como tu estatus social o el empleo de tu padre. Es un dato trascendente, ya que a la familia que te está dando de comer ahora en más de una ocasión le tocará visitar tu casa.

El test del pastel funciona de la siguiente manera: si una vez que hayas probado el pastel, o el postre en cuestión, aunque te haya sabido riquísimo, no haces ni la más mínima referencia, o la haces muy sutilmente y con aires desenfadados, estarás dejando ver que, probablemente, estás bastante acostumbrado a ese tipo de manjares en tu casa. O lo que es lo mismo, que tu madre es una de esas personas a las que sería un privilegio visitar de vez en cuando. Esta no mención al postre hará que hayas dejado «con la mosca detrás de la oreja» a más de uno y casi con toda seguridad la familia ya te esté aceptando en un grado bastante alto (siempre y cuando hayas probado el vino, hayas comido jamón y unos pocos langostinos con la mano).

Si después de comerte el postre y de tan bueno que te ha sabido te muestras como extrañado o no controlas mucho tu forma de expresar lo mucho que te ha gustado, seguramente estés dejando entrever que en tu casa solamente se sabe hacer el clásico bizcocho de yogur. Así que ten cuidado a la hora de expresarlo y no lo hagas de una forma muy exaltada por muy bueno que te sepa.

Ojo con preguntar también si el postre es casero porque puedes ofender con esto a la familia. Recuerda que las pastelerías son sitios a los que una familia presidida por una buena cocinera sólo acude por urgencia o a pedir cambios para cualquier máquina de estacionamiento limitado.

En lo referente a notar las expresiones de tu rostro o a las maneras de comerte el dulce, la familia anfitriona suele ser muy observadora y analiza al más mínimo detalle todos tus gestos. Hay incluso familias que utilizan cámaras web camufladas en servilletas para después, y en el ordenador del adolescente de la casa, analizar minuciosamente tus gestos al comerte el postre y sacar luego las conclusiones pertinentes.

Recuerda que hay frases que no puede soportar el oído de un vasco: «Soy un desastre en la cocina», «Yo, en la cocina, sota, caballo y rey» o «En mi casa somos mucho de microondas». Cualquiera de estas letanías te excluiría directamente del árbol genealógico.

En el café ataca el padre

El plan de la madre está saliendo a la perfección: estás sintiendo los efectos del colapso intestinal y has empezado a evitar las palabras con «r» porque delatan tu estado de embriaguez. Has luchado contra cuñados y sobrinos y estás al borde del desfallecimiento intelectual; es el estado perfecto para enfrentarte al padre. Sí, míralo, ese señor que está presidiendo la mesa con una servilleta al cuello que se podría subastar como un Miró en la sala Christie's. Parece inofensivo, y es que lo es. El problema que tiene es que de tan inofensivo que es puede resultar muy peligroso. El padre es un ser que los domingos es feliz porque está toda la familia reunida en torno a la mesa y porque por la tarde hay partido de fútbol, o de pelota. ¿Qué daño nos puede causar un ser tan bonachón, entonces? El padre vasco, un señor que se ha pasado toda su vida bregando como un romano en galeras, ha descuidado algo fundamental: el repertorio. Sólo sabe un chiste, a lo sumo dos —pero del segundo le falla el final—, tiene una anécdota simpática de cuando era joven y la frase que le dijo su padre cuando se fue de casa. Es un monólogo que no da para un minuto, pero a ti que eres presa fácil te lo estirará hasta la media hora, recreándose en los gestos y en las pausas, que aprovechará para meterse un trozo de tarta entre pecho y espalda. El resto de comensales lleva toda la vida escuchando las «tres gracias» del padre y se las saben de memoria, o sea, que no le harán ni caso y te dejarán solo ante el peligro. Es jodido porque tendrás que reírte por educación pero sin pasarte, que no se vea que estás haciendo tu buena acción del día. *¡Ah! Con esa cucharada de crema pastelera has rebasado las dieciocho mil calorías.*

Después vendrán las copas, momento en el que la madre volverá a preguntarte por tu familia, utilizando la famosa coletilla: «Así que tu padre...». Los cuñados lanzarán otra ofensiva que será muy fácil de neutralizar si no has abusado de la bebida tanto como ellos.

ERRORES QUE NO HAY QUE COMETER EN TU PRIMERA COMIDA

Para finalizar, vamos a enumerar algunos de los errores más comunes que suelen cometer los principiantes y que son fácilmente evitables:

- Cuando la madre te pregunte cómo te gusta comer la carne, si poco o muy hecha, nunca le digas: «Por mí no se moleste...». Hay que aceptar su carácter servicial sin complejos. No se te ocurra ayudar a recoger los platos, ni mucho menos aparecer por la cocina para fregar: es delito.
- No preguntes a la cocinera de dónde ha sacado la receta y mucho menos si te la puede dar. Las recetas se pasan de generación en generación vía materna.
- Si algún miembro principal de la familia dice «cocretas» en lugar de «croquetas», no le corrijas aunque te duela escucharlo. Déjalo estar.
- Si ves que hay un tema del que no quieren hablar, no insistas; te habrás topado con el tabú familiar. Todas las familias vascas tienen uno. Por ejemplo, en la familia de los Mendizábal —los del cemento— no se puede mencionar la palabra «copla» porque la leyenda dice que el bisabuelo, José Mendizábal, invitó a cenar a Celia Gámez después de casado. Eso sí, el día que quieras romper relaciones y no sepas cómo hacerlo no tienes mas que romper el pacto de silencio y hablar del tema prohibido; es fulminante.
- No hagas preguntas absurdas del tipo: «¿Y todos los días coméis así?». Por supuesto que todos los días comen así.
- No busques apoyo en tu pareja; cuando está con su familia, es uno más del clan, se difumina en el paisaje. Recuerda que estás solo ante el peligro.

LA EXCUSA DE LA ABUELA

Y que sepas que a partir de ahora, si todo sigue su rumbo, te van a caer comidas familiares a punta y pala, y a muchas no podrás decir que no; el comodín del «tengo catarro» te vale para una vez y bien se encargará la familia de tu pareja de hacerte chantaje emocional utilizando a la abuela o al abuelo.

«Cómo no vas a venir, con la ilusión que le hace a la abuela...».

«La abuela se va a llevar un disgusto si no vienes...».

«Venga, que a la abuela no le quedan muchas comidas ya...». Esta última es la peor, la más rastrera; te puedes llegar a sentir como un gusano si no vas. Pero todo tiene su lado bueno: al final agradecerás que esa persona con el pelo blanco y llena de arrugas presida la mesa; delante de un abuelo no se sacan ciertos temas y se intenta que no haya discusiones en la mesa. La familia no podrá cebarse tanto contigo. Ahí, entre tanto demonio y diablillo rodeándote está tu ángel de la guarda, comiéndose montañas de langostinos sin que nadie se dé cuenta.

Me voy a integrar en una familia vasca

Si, después de todo lo que has leído anteriormente, sigues con la idea de formar parte de una familia vasca, déjanos hacer una última prueba.

Todos conocemos la fórmula que utilizan los curas en las bodas: «Y tú [...] ¿quieres a [...] como esposo y prometes serle fiel, etcétera, hasta que la muerte os separe?». Bien, ahora veamos qué es lo que el cura está pensando realmente cuando se trata de una familia vasca. Le proponemos un juego. Léalo en voz alta, con tono de párroco, y coloque su nombre y el de su futura pareja en los puntos suspensivos.

> (Para reproducir el auténtico sonido de voz de cura en una iglesia, le aconsejamos que lo lea en un cuarto de baño azulejado y con una pinza en la nariz).

Y tú [...] ¿quieres a [...] como tu futuro esposo y prometes serle fiel a él y a su familia, y entendiendo como familia su historia, su tradición, sus costumbres absurdas, como jugar al bingo después de comer; prometes que obedecerás a su madre como a la tuya, poniendo buena cara aunque la odies a muerte; que uno de tus hijos llevará el horrible nombre de algún ilustre difunto del árbol genealógico; estás dispuesta a pasar todas tus vacaciones en la casa que tienen en la costa compartiendo piso con tu cuñada, la sota de bastos —que está sentada en el tercer banco con su marido dormido—; prometes también que nunca le dirás a tu suegro que siempre te cuenta el mismo chiste, ni a tu cuñado —el del segundo banco— que te deje de mirar las tetas? Te repito: ¿quieres casarte con este morrosko y aguantar pacientemente hasta que se muera su madre para que puedas celebrar la Nochebuena en tu casa y formar tu familia como Dios manda? —Mira a tu suegra, la tienes ahí al lado llorando a moco tendido, te va a durar por lo menos treinta años la cabrona—. Coño, que no te lo digo porque me matan, pero yo saldría corriendo ahora mismo; ellos lo van a celebrar igual, no perdonan un banquete ni aunque se acabe el mundo. ¡Corre, vete, vete de ahí! *¿Hasta que la muerte os separe?*

Sexta parte

Datos de interés para el viajero

Todo lo que necesita saber

Para aquellos que tengan ganas de acercarse al norte a intentar cazar a su vasco/a, o simplemente a disfrutar, les ofrecemos ahora una guía de viaje con aspectos indispensables que deben conocer sobre el país y sus gentes. No se trata del típico libro que se encuentra en el mercado, en que le detallan el número de habitantes del país, los rincones turísticos, la cantidad de mercadillos... Eso para ir a Italia o Copenhague está bien, aquí no sirve de nada. Ha de saber que la moneda oficial es el euro aunque se piensa en pesetas. No va a necesitar el idioma inglés para comunicarse, con un buen fajo de billetes cualquiera le van a entender a la primera, igual que ocurre en Túnez. Tampoco precisará aprenderse cuáles son los hoteles del lugar, hay muchos y en cualquiera estará bien, no suelen tener pulgas ni chinches, pero sí deberá saber, por ejemplo, cuántos restaurantes hay, de qué tipo, en cuál consiguen mejor el *lenguado menier*... En fin, que ya se lo decíamos en el libro *Todos nacemos vascos:* en el País Vasco la religión es la cocina y casi todo el país es practicante. Disfrute adentrándose en nuestro universo y después coja el coche o mejor un billete de avión y véngase. Como curiosidad, el avión es el medio más seguro para llegar; aunque el piloto del aparato se pusiera enfermo, cualquier pasajero podría coger los mandos y con los ojos cerrados aterrizaría fijo en un aeropuerto; los hay por todas partes, ni más ni menos que cinco.

¿HAY QUE VACUNARSE PARA VENIR A EUSKADI?

No es necesario: es un país del primerísimo primer mundo. Es prácticamente imposible que le pique la mosca tse-tse y que beba agua que no sea potable; bueno, ni potable: no probará el agua. En el botiquín de urgencia solamente tendrá que traer Almax, por motivos obvios, y preservativos. No, no cante victoria: los preservativos son para enseñárselos a los nativos y poder cambiarlos por otros productos de artesanía.

ATLAS SENTIMENTAL DEL PLANETA DE LOS PINTXOS

Latitud: Al norte de Jabugo, al sur de las pocas anchoas que quedan en libertad en el Cantábrico, al oeste de los quesos franceses y al este de la tierra de Fernando Alonso, que está para comérselo.

Habitantes: De enero a junio, 2.226.240; de julio a septiembre, 1.000.000. La población emigra a sus segundas viviendas extendidas por el mapa (costa levantina, costa santanderina, La Rioja...).

Clima: Templado o «de jersey al hombro». No existen las estaciones propiamente dichas. Con la ropa de entretiempo vistes durante todo el año.

Ríos: Euskadi posee muchos ríos, como el Amazonas (consúltese el Diccionario sentimental más adelante), el Nervión, el Urumea... pero destaca por su curiosidad «el río Amarillo», con características parecidas al Guadiana (que aparece y desaparece). Este torrente fluvial aparece los fines de semana en muchas ciudades vascas por la noche, en plena calle, caprichosamente cerca de los bares, y es de un color amarillo espumoso. Desaparece entre semana. Tiene épocas de crecida importantes que normalmente coinciden con las fiestas populares de la región donde se bebe a raudales.

Montes: Son el soporte de las carreteras. La distribución de tanto monte junto hace imposible que el trazado de estas vías sea recto, pues lo llena de curvas, que dan lugar al «scalextric vasco».

Vegetación: Entre los excursionistas, domingueros, bicicleteros, cazadores, buscasetas y ecologistas, a veces se puede intuir la existencia de pinos.

Fauna: Las especies animales se dividen en dos, las sagradas, de consumo humano (ganado vacuno, ovino y aves), y las otras, que habitan en bosques y montes, no se sabe cómo, con tanto excursionista invadiendo su hábitat permanentemente. Se ha detectado que algunas especies como la ardilla padecen enfermedades humanas parecidas al estrés; su vecina, la rana común, sufre esquizofrenia, derivada de vivir en un riachuelo en el que ve melones y botellas de sidra y parece oír voces diciendo: «¡Sácalos, que ya se han refrescado!».

Desiertos: El vasco llama desiertos a las zonas donde no hay bares. La consideración de zona desértica se mide por la concentración de bares por kilómetro lineal. Así, una calle de cien metros y un solo bar sería una zona cuasidesértica. Más de diez bares por cada cien metros es un oasis para el vasco (el oasis de la calle Fermín Calbetón de San Sebastián, el oasis del casco viejo de Bilbao...). Y el paraíso sería la alternancia: bar, portal, bar, portal... En Euskadi no hay desiertos.

Lagos: En el País Vasco hay más lagunas que lagos, sobre todo en zonas de bares, donde muchos txikiteros, después de una noche bebiendo sin parar, y contribuyendo a la crecida del río Amarillo, aseguran «tener lagunas mentales». Lagunas más importantes: *las lagunas de la Semana Grande, de Bilbao* o *las lagunas de San Fermín, en Pamplona.*

Golfos: En el País Vasco hay muchos pequeños golfos que el mar lleva hasta las costas caribeñas en busca de aventuras.

Fallas y placas tectónicas: No existen fallas importantes bajo el suelo vasco por las que preocuparnos; sin embargo, en un futuro podría haber riesgo de corrimientos de áreas del mapa, como Navarra o Álava. Esto originaría un gran tsunami.

DISTANCIAS KILOMÉTRICAS

Como en cualquier guía turística, les vamos a hablar de distancias; ya les presentábamos en *Todos nacemos vascos* los sistemas vascos de medición con sus medidas de longitud incluidas, pero aquí vamos a profundizar un poco más y les vamos a decir las distancias reales que un vasco ve cuando tiene que desplazarse a otros lugares. Esta distancia varía dependiendo del interés del lugar de destino.

Distancias que hay desde Bilbao a otros puntos del mapa para cualquier vasco que no haya perdido su *vasquitud:*

- De Bilbao a la catedral de Santiago de Compostela: 647 kilómetros.
- De Bilbao a una buena mariscada en Galicia: nada, es una excursión.
- De Bilbao a la catedral de Valencia: 633 kilómetros.
- De Bilbao a una paella en el Mediterráneo hecha como Dios manda: nada, se llega en un ti-tá.
- De Bilbao a la Sagrada Familia de Barcelona: 620 kilómetros + cola de parking.
- De Bilbao a El Bulli (restaurante de Ferran Adriá. Costa Brava): hay un placentero paseo en coche.
- De Bilbao a La Pampa argentina: 10.000 kilómetros + 14 horas de mal rato de avión.
- De Bilbao a una parrillada en Argentina: una cabezadita y ya estás allí, no hay distancia.
- De Bilbao a Jabugo: no hay distancia.

Queda patente que cualquier paradero que incite al vasco a mover sus jugos gástricos con alegría no será distancia para él; cogerá a su cuadrilla, a su pareja, a quien sea, y tirará para allá sin perder tiempo. Hemos enumerado tan sólo algunos destinos; si quiere conocer la distancia a otros, haga lo siguiente:

Si se trata de visitar catedrales, museos, puentes, murallas, a la familia:
distancia = *distancia* real en kilómetros.

Para comida de verdad (buenas mariscadas, parrilladas...):
distancia = menos 1.000 kilómetros
por cada 1.000 calorías

Diccionario sentimental

Para poder comunicarse correctamente con los nativos del País Vasco le advertimos que hay determinadas palabras que no significan lo mismo dichas aquí que en Castilla-La Mancha o Marina D'Or. Hemos confeccionado este diccionario que recoge la idiosincrasia del país, la manera de entender la vida, la sensibilidad del vasco; por eso lo llamamos diccionario sentimental. Le será muy útil.

Achuchón: susto que te da el organismo, a partir del cual hay que seguir comiendo y bebiendo con más moderación.

Agorafobia: miedo irracional que le entra a uno en una gran plaza si no encuentra algún bar.

Ahivalahostia: expresión de difícil traducción que puede adoptar múltiples interpretaciones: ¡Claro que sí!, ¿Y por qué no?, ¡No me digas eso que me matas!, ¡Eso es un escote y no lo de Paula Vázquez!, etcétera.

Ajedrez: incomprensible situación en la que dos individuos cometen el delito de estar horas sentados el uno frente al otro con una mesa de por medio repleta de cosas que no son de comer.

Amazonas: río bilbaíno, afluente del Nervión que, tras nacer en la América meridional y formar un gran embalse llamado océano Atlántico, se comunica con su progenitor. En la selva, como aquí, también tiene márgenes: la izquierda, en donde se comen las pirañas, y la derecha, donde se comen entre ellos.

América: el país de los malos.
Alemania: el país donde tienen mejor máquina que nosotros.
Apuesta: única motivación para madrugar e ir a ver el partido de futbito de tu hijo el domingo por la mañana: «Te apuesto mil euros a que gana mi chaval».
Astronomía: ciencia que si va precedida de una «g» ofrece más placer que subir a la Luna.
Autopsia: análisis médico que se realiza en el País Vasco en el que un equipo de doctores determina qué coño es lo que le sentó mal al paciente la noche anterior.
Avenida: espacio urbano entre dos grandes bloques de edificios, flanqueado por dos aceras y por cuyo centro transitan las manifestaciones.
Aventura amorosa: cualquier expedición que realizaban los antiguos aventureros vascos movidos por el amor que sentían por aquellas tierras a las que iban.
Ayunas tremens: cuadro patológico y delirante que sufre el vasco y cuyos síntomas son enormes escalofríos y alucinaciones en las que se le pueden aparecer desde enormes y feroces chuletas con ojos grandes hasta bogavantes verdes con colmillos gigantes.

Bar: hogar.
Bautizo de un hijo: antesala de un banquete.
Biberón: pequeño recipiente en el que el recién nacido vasco tiene sus primeros contactos con la vaca aunque sea en su estado líquido de leche.
Boda de una hija: antesala de otro banquete.

Cacofonía: conjunto de voces extrañas, casi imperceptibles, para el oído de un vasco: «Ya pago yo, Antxon». «¿Lo hacemos otra vez, cariño?».
Calcetines: preservativos que se pone el vasco en los pies las contadas ocasiones que hace el amor con su pareja.
Cama de hospital: banco de tortura donde a uno se le priva de los grandes placeres de la vida, como las grasas, las sal-

sas, los postres, el alcohol o los puros, por lo que termina cayendo enfermo de verdad.

Chuleta: belleza interior de una vaca.

Cien metros lisos: absurda prueba deportiva de diez segundos de duración que no te permite echar un trago mientras la ves.

Clases de merengue y salsa: cursillos en los que un conocido repostero enseña a hacer unos buenos merengues y salsas de chocolate, o similares, para acompañar a los postres.

Clonación: técnica genética que le puede permitir al vasco volver a comer aquella chuleta de la vaca del caserío de Patxi que tan rica le supo hace diez años.

Coca-Cola: multinacional que presume de poseer una fórmula secreta, pero que el vasco ya conoce: mezclarla con vino para hacer *kalimotxo.*

Cocinar: principal forma de hablar, de expresar sentimientos y emociones que tiene un vasco. (Un cocinero, al servir una merluza en salsa verde en una mesa, en realidad está diciendo: «Hola, familia. Tenía muchas ganas de veros, espero que pasemos un rato agradable juntos. Os quiero»).

Colesterol: hay dos tipos: el bueno y el malo. El bueno sabe riquísimo y el malo, mejor.

Comida rápida: comida compuesta generalmente por entrantes, buena ensalada, tremenda chuleta, pimientos, patatas y suculento postre que se ventila un vasco a toda prisa porque ha quedado con la cuadrilla para ir a ver al Athlétic.

Curandero: persona que goza de la admiración del vasco porque, generalmente, está en un pueblo de Navarra donde se come de puta madre, no lleva bata blanca y no le va a prohibir nada: «Maite, vamos a mirar ese bulto al curandero de Burlada».

Delantal: prenda de lencería.

Diálogo: sucesión de monólogos paralelos.

Elecciones: truco vasco de magia blanca por el que depositando unas papeletas en sobre cerrado en una urna de cristal se adivina el resultado de antemano.

Enfermedad terminal: tiempo que le queda a uno para dejar de comer y de beber.

España: palabra que ningún vasco utiliza a gritos en lo alto de un monte para ver si hace eco.

Estatuto: libro de jeroglíficos.

Filosofía: la ciencia de no fichar a jugadores de fuera: «El Athlétic de Bilbao prefiere bajar a segunda que fichar a jugadores extranjeros, es su filosofía». «No ficho, luego existo».

Francia: el país de los quesos que huelen a calcetín usado. ¡Mecagüenlamar!

Frontón: templo.

Guggenheim: construcción con un mal encofrado y mal planteada para un bricolajero radical.

Halterofilia: modalidad maricona de levantamiento de piedra.

Hamburguesa: chuleta maltratada, triturada, desperdiciada.

Hazaña: cualquier cosa que haga un bilbaíno.

Herencia: conjunto de recetas gastronómicas que se pasa de generación en generación.

Homenaje: gran comida o cena en la que también se suele hacer un reconocimiento a alguien.

Implante de silicona: única operación de estética que se haría un vasco escuálido en la tripa para dejar de sentirse acomplejado en su cuadrilla.

India: ese país absurdo donde pasan hambre y no se comen a las vacas.

Inglaterra: el país donde se come mal.

Italia: el país donde nos dan por culo porque ligan como cabrones.

Joder (para un vasco): molestar a alguien.
Joder (para un castellano): molestar a alguien... con los jadeos.
Juegos Olímpicos: absurdo evento deportivo en el que no se realizan pruebas como levantamiento de piedra, soka-tira, no se cortan troncos con el hacha, no se arrastran piedras con bueyes y no se pueden lanzar apuestas desde las gradas. ¡Ah, y lo de los cien metros lisos!

Kamasutra: divertido libro de nudos marineros realizados por personas desnudas.
Kilo: mínima medida de peso a partir de la cual un vasco puede disfrutar comiendo carne.

La brisca: partida de mus tremendamente mal jugada.
La Rioja: excursión que el vasco hace con frecuencia para que le sigan dando bien de comer y de beber.
Lactancia: único periodo en el que el vasco no prueba la carne.
Ligar: unir, juntar, y nada más.
Light: término anglosajón que aparece inscrito en las etiquetas de algunos alimentos y que significa que no hay que comprarlos.
Llorar: lo que le sucede al vasco únicamente cuando pela una cebolla.
Llorar desconsoladamente: lo que le sucede a un vasco cuando pela muchas cebollas.

Maratón: excusa deportiva de gran belleza que le permite al vasco estar cuatro horas fuera de su casa viendo sufrir como un campeón a su amigo Patxi desde el bar más cercano.
Médium: persona de gran admiración para un vasco, ya que le puede poner en contacto con Baco, el dios del vino.
Misa de domingo: suplicio chino para un vasco, sobre todo cuando desde el banco ve cómo el cura bebe de la copa sin invitar a los presentes.
Monja: repostera.
Monja de clausura: repostera con muchas horas para crear delicias.

Mus: grupo de autoayuda formado por cuatro personas.
Museo: sitio lleno de cosas y objetos donde se va a hacer hambre. Excusa cultural.
Museo de dos plantas: excusa cultural que permite a la mujer subir con los críos por las escaleras para hacer hambre y luego ir al restaurante más cercano.

Nariz: órgano que Dios ha hecho prominente en el vasco para que pueda oler fácilmente los guisos sin correr el riesgo de acercarse a la cazuela y quemarse.
Newton: desafortunado físico inglés que desarrolló la Ley de la Gravedad cuando se le cayó una manzana en la cabeza en lugar de inventar la sidra.

Ñam, ñam: primeras palabras que pronuncia un bebé vasco.

Obélix: de nombre Iñaki, levantador de piedra vasco.
Océano: gran masa de agua salada que hace su servicio manteniendo vivos a merluzas, meros, rodaballos, bacalaos, besugos, langostas, centollos y alguna que otra especie más antes de pasar por la parrilla.

Pelota de tenis: pelota maricona.
Pintxo: elemento de gran interés turístico por el que más preguntan los amantes del arte que visitan el País Vasco.
Platón: filósofo de claro y evidente nombre vasco.
Potear: peregrinar.
Premios Nobel: descafeinada entrega de premios a nivel internacional en la que no existen dos categorías: una, mejor pareja de jugadores de mus a cuatro reyes, y otra, a ocho, y en la que mientras pasan los galardonados con sus trajes a recoger el premio por el pasillo no hay cruce de apuestas. Tampoco se pueden fumar puros.
Punto G: punto de sal muy difícil de conseguir para un vasco pero que le proporciona muchísimo placer a su mujer cuando se lo consigue en algún guiso.
Putear (para un castellano): molestar a alguien.

Putear (para un vasco): molestar a alguien con los jadeos... pagando.

Quincena: máxima distancia temporal que se puede permitir sin que haya una comida o una cena para celebrar algo.

Ración doble: concepto de origen castellano que en el País Vasco significa ración escasa o justa.
Red de tenis: toda red tensa que no lo esté por llevar una tonelada de merluza encima es un sinsentido, un desperdicio.
Régimen: únicamente reglamentos o prácticas de un Gobierno.

Sesenta y nueve: récord que tiene un txikitero de Lekeitio de beberse ese número de vinos seguidos por los bares de su pueblo.
Sirimiri: forma peculiar de llover que constituye un reto para la industria paragüera, ya que todavía no se ha inventado el paraguas que te proteja por completo cuando sucede. Las gotas, lejos de caer de arriba abajo, vienen y van.
Sudamérica: el país de los parientes.
Suero: dramática sopa.
Suiza: el país de los relojes.
Sushi: trozo de pescado que la cocina oriental se empeña en que nos comamos crudo y que aquí se usa como cebo para ir a pescar besugos.

Tanatorio: único sitio en donde al vasco, por respeto y educación, no se le ocurre cruzar apuestas.
Tapa: eslabón perdido en la evolución del pintxo.
Tenis: frontón maricón.
Todos los demás países del mundo: los del hambre.
Tuna: cuadrilla de gente insensible que queda para ir de ronda y tiene la sangre fría de pasarse los bares por alto y cantar mirando a las ventanas.

Untar: verbo sagrado y regular de la primera conjugación.
Uñas: alimento sustitutivo de los aficionados de fútbol vascos que más se está comiendo durante estos últimos años.
Urna: cajón de cristal aburrido de ver siempre lo mismo.
Utopía: Lafuente, Lacruz, Iraola, Gurpegui, Guerrero, Yeste, Protinavski, Kursakov, Romualdinho y Etxeberria.
Uva: única fruta que empieza a ser interesante después de ser pisada.

Vaca: conjunto de entre cien y doscientas chuletas bien distribuidas con cuatro patas, rabo y cuernos, que un vasco espera que algún día deje de mugir.
Vaso: prolongación de la mano de un vasco.
Vegetariano: persona que acostumbra a cometer graves faltas de respeto y que genera mucha desconfianza en su entorno.

Walkie-talkie: maravilla de la técnica que puede permitir a dos camioneros diálogos tan importantes como éste:
—Andoni, ¿me recibes?
—Sí, Koldo.
—Son las dos y tengo un hambre que te cagas. ¿Sabes de algún sitio que den bien por aquí?
—Sí, justo bajando Navacerrada tienes uno bueno a mano derecha. Verás mi camión aparcado. Te voy pidiendo una cerveza.

Wonderbra: vocablo anglosajón que pronunciado en alto genera cierto placer. (Haga la prueba).
WC: lugar donde terminan los doscientos euros que te has gastado en el fin de semana gastronómico.

X: signo que, si un oculista enseña a Javier Clemente en una prueba de visión para ver lo que ve, éste dice: «Uno».
XX: película a partir de la cual se deja de hacer *zapping*.

Y: dibujo de una bifurcación política por donde algún día pasará un tren.

Yen: lo que te piden en Japón después de comer en un restaurante.
Yogur: plaga que se extiende con mucha rapidez por las estanterías de los hipermercados.
Yuyu: lo que le da a uno cuando el camarero del restaurante le comunica que se ha terminado su plato favorito.

Zanzíbar: aunque suene a defensa del Athlétic, es una isla de por ahí.
Zape: hermano de Zipi.
Zarzuela: composición armónica realizada por el marisco en una cazuela.

Palabras sagradas y mantras

Además de todas estas palabras, existen otras que para el vasco tienen un significado muy especial. Nos referimos a aquellas que tocan su alma. El vasco es un ser totalmente espiritual que no entiende las cosas cotidianas de la vida si no les da una explicación elevada y esto lo hace por medio de una religión, que le da sentido a su existencia, por la que siente un profundo respeto y que está presente todo el tiempo: LA COCINA. Después de ella nace otra serie de cuestiones que también inquietan su alma, aunque en menor medida: el sexo, el fútbol, la vivienda...

Y como todas las doctrinas tienen sus palabras sagradas y mantras, la suya no iba a ser menos; sin embargo, en el caso vasco existen los mantras específicos para hombres y para mujeres porque ya les hemos explicado en páginas anteriores que ambos son diferentes. En el caso del varón, cuando escucha cualquiera de estos vocablos, deja lo que esté haciendo y se queda paralizado un rato, igual que le ocurría a Superman con la kriptonita o a Popeye cuando no tomaba espinacas. Pero no se queda sin fuerzas como los héroes de ficción, sino que entra en éxtasis, pudiendo llegar en algunos casos a la iluminación.

PALABRAS QUE BLOQUEAN LA MENTE DE UN VASCO DURANTE DIEZ SEGUNDOS

angulas brasileña

chuletón

buffet libre cigala

Cuba

crianza

muslo

puro

minifalda

surtido de postres

tanga

A veces el trance dura algo más de diez segundos, por lo que alguien cercano puede ayudarlo a salir de él; normalmente, la mujer o el hijo le dan un coscorrón y se le pasa. Si no saliera de ese estado catatónico, nos encontraríamos ante un iluminado, un buda, un ser con una sonrisa y una felicidad permanentes, que no piensan, sino que son. Estos personajes están destinados a vivir solos, más que nada porque no hay dios que los aguante.

El efecto que producen los mantras en la mujer vasca, lejos de ser paralizante, es activador; a ellas las acelera, las pone más nerviosas y les entra un deseo incontrolable de probar todo esto que los sagrados vocablos contienen.

PALABRAS QUE ACELERAN LA MENTE DE UNA VASCA DURANTE VARIOS MINUTOS

chocolate

culo

light

infusión

láser

mercadillo

preliminares

monitor

surtido de postres

Debido a su potente efecto se recomienda mencionarlas por separado para no entrar en euforias descontroladas. Tres o más de estas palabras escuchadas, por ejemplo, en una misma mañana pueden dejar a la mujer en estados de conciencia alterados y llevarla incluso a olvidarse de que tiene casa, familia, un trabajo... Algo parecido a la amnesia. También es cierto que ella tiene más capacidad de volver a la realidad que el hombre y normalmente lo hace sola.

Tipos de restaurantes

En Euskadi hay montañas de restaurantes. En la gran mayoría se come bien o muy bien, con una muy buena relación calidad-precio y unos postres de chuparse los dedos. Pero, a pesar de que la calidad de su materia prima es francamente considerable, no todos los restaurantes son iguales. Hay grandes diferencias entre ellos. Hemos englobado la inmensa cantidad de establecimientos dedicados a la gula en tres tipos fundamentales. La diferencia entre los tres se ve claramente por dónde lleva colocada la servilleta el camarero.

Con la servilleta al hombro

Si el camarero lleva la servilleta al hombro, en este restaurante lo más importante es la campechanía. Por generalizar, lo llamaremos «La venta». Es el típico sitio al que te llevan después de haberte hablado mucho de él, que está en la punta de un monte al que llega milagrosamente una carretera llena de curvas de infarto, estrecha y sin señales de ningún tipo. Pero las alubias, te aseguran, merecen la pena.

El lugar es rústico; las mesas corridas, amplísimas. Está algo oscuro, con vigas centenarias y arcones del tiempo de Maricastaña. Los manteles son de hule; las servilletas, de papel. Los platos, pequeños, redondos. En una esquina chisporrotea una chimenea.

El trato es campechano, familiar, muy familiar, excesivamente familiar. La camarera no habla; directamente te riñe como si fuera tu madre. Aunque no te haya visto en la vida, se dirige a ti con una mezcla de condescendencia y autoridad implacable. Parece que te está haciendo un favor dándote de comer. Y tú se lo tienes que devolver engullendo todo como un niño bueno porque, si no, te dirá a grandes voces: «¿Eso vas a dejar? Mira, o te comes todo o no te saco el postre, ¿eh?».

La carta es inexistente. La canta a grito pelado la camarera con las manos apoyadas en el borde de la mesa: «Tenemos ensalada, alubia y sopa. De segundo, chuleta y pollo». No hay carta de vinos, se bebe el de la casa.

Las alubias aparecen en un puchero humeante, huelen de maravilla. Ahora sí, te tienes que servir tú. Viva el autoservicio rural: antes ha habido que hacer el reparto de los cubiertos. Nos servimos en unos platos pequeños que llenamos a rebosar. Repetimos varias veces. Aun así, las alubias, en su punto justo de cocción, con sus sacramentos de chorizo, berza, morcilla, costilla... amenazan con no acabarse nunca.

El ambiente es ruidoso, todo el mundo parece hablar a gritos y para entendernos tenemos que hacer aspavientos y explicarnos casi por gestos.

La cuenta es una hoja de un cuadernillo cuadriculado. Saldrá a cuarenta euros por cabeza y no podrás pedir factura porque el sobrino que las sabe hacer con «el computadora» ese día no está.

Con la servilleta a la cintura '(Este tipo de restaurante es el más numeroso en el País Vasco)'

El lugar es un restaurante moderno, como recién rehabilitado, con mucha luz que proviene de unos ventanales amplios. La madera es clara; las mesas, de un tamaño suficiente, y los platos, redondos, llevan escrito el nombre del restaurante. Bueno, a nada que te fijes, el nombre del establecimiento está en platos, servilleteros, saleros, palilleros, jarras, etcétera, y cuando sacan el vino te das cuenta de que también está «Especialmente embotellado para el restaurante El Ancla». Así que incluso antes de comenzar a comer te sientes un poco empalagado de tanta autopromoción.

El trato sigue siendo familiar, pero sin la confianza abusadora de «La venta». Siempre has tenido ganas de comer en él porque lo ves al pasar hacia el trabajo o desde la tumbona de la playa y pensabas que algún día merecería la pena probar.

La carta existe, así que uno por lo menos puede hacerse una idea de cuánto va a gastar. Los conceptos son claros: «Almejas a la marinera... tanto». El problema surge con el aparte-de-la-carta. Cuando todo el mundo tiene más o menos decidido lo que va a comer, llega el camarero con su medio delantal y su servilleta colgando de la cintura y suelta: «Aparte de la carta tenemos besugo para dos, cogote de merluza para cuatro y chipirones de anzuelo recién pescados». Ahí nos olemos que no estamos tan lejos de las mañas de «La venta» porque esta parte de la carta, cantada, suena a boinazo final en la cuenta.

Tampoco da mucha fiabilidad el que el mismo camarero te aconseje el vino, la marca y la añada sin hacerte saber el precio.

Las alubias son suficientes, ni muchas ni pocas, servidas conforme a lo que manda la tradición, pero sin la salsa untuosa, lograda durante horas de fuego lento que presentaban las de «La venta».

El ambiente es tranquilo y poco ruidoso si no fuera por esos niños —los de otra mesa, jamás los nuestros— que montan tanto ruido.

La cuenta, que viene en un platillo con una abrazadera para que no se vuele, asciende a sesenta euros por cabeza. Pero ¿qué hemos comido? Los apartes-de-la carta. Nos ha jodido.

CON LA SERVILLETA EN LA MUÑECA

Cuando el camarero tiene la servilleta en la muñeca, doblada por encima de ella como un monaguillo que estuviera preparado para oficiar una misa, estamos ante un templo de la gastronomía. Aquí sí que teníamos ganas de venir. Pero ha habido que soportar una lista de espera que ríete tú de las de la Seguridad Social. Pueden ir desde el mes hasta el año de espera sólo por comer. Naturalmente, el restaurante lleva el nombre del cocinero que oficia en la cocina.

El lugar es de película. Un salón amplio inundado por una luz difusa que no puedes adivinar de dónde proviene. Las sillas son butacas, con apoyabrazos y todo. Las mesas, recias. El mantel, de hilo finísimo. Los platos, cuadrados y gigantes. Eso ya te mosquea. Y te mosquea más que la florecilla de la mesa esté en un florero que no te explicas cómo puede desafiar de esa manera las leyes de la gravedad. Tiene todo un leve aire oriental, japonés, zen.

La carta es tan complicada que ni siquiera los que tienen estudios universitarios superiores son capaces de descifrarla: caramelizados, camas de..., sabayones, espumas, reconstrucciones, etcétera. «Perdone, me puede traer la carta en castellano», pides al de la servilleta en la manga. «Es la que tiene el señor», contesta. Pues vaya, para entender la mitad de las cosas habría que saber idiomas. Pides alubias que es un valor seguro. El camarero te ofrece la carta de vinos, pero, asustado por los precios que has vislumbrado, pides el de la casa, que seguro que está riquísimo. Y lo está.

Las alubias llegan «deconstruidas». Por una parte, una espuma servida en una especie de tubo de ensayo. Al parecer, es la berza. La morcilla y el chorizo vienen ensartados en un pincho moruno y están caramelizados, y las alubias, en un bol hecho con gelatina de la misma alubia. ¿Es comestible? Parece que salvo el plato rectangular que nos ha tocado en esta ocasión todo es comestible. Y más vale que lo sea porque tienes hambre.

El ambiente, celestial. Aquí el cliente es Dios. Te ayudan a quitarte el abrigo, te mueven la silla para que te sientes, te sirven la copa cada vez que se te vacía. El camarero no habla, susurra. Y no recuerdas nunca haber oído tanto la palabra *señor*. «¿Qué tomará el señor?». «¿El señor probará el vino?». «¿No le ha gustado al señor?».

El cocinero sale después de la jamada. Los comensales le hacen la ola, y él reparte sonrisas y saludos como si fuera un torero. ¡Qué simpático y qué sencillo es! Se oye por todos los lados.

La cuenta viene en un cofrecillo que recuerda vagamente a un joyero, o un juguete de piratas para niños. ¡Ciento veinte euros! Ahivalahostia. Ya me pueden esperar para la próxima lista de espera.

Profesiones con futuro en Euskadi

Si usted está pensando en ir al País Vasco a trabajar, a sacarles los duros a los vascos, déjenos aconsejarle sobre el mercado laboral. Más que nada, para que no pierda el tiempo; hay profesiones que están saturadas, como la de cocinero, y no merece la pena intentarlo. Le vamos a dar una serie de pistas para que sepa por dónde puede intentarlo y por dónde no.

Mediador internacional

Es una salida profesional de los políticos que no quieren terminar sus días sólo dando conferencias en universidades. Durante su carrera todo el mundo les sacó los trapos sucios y ahora intentan hacer con los trapos sucios de los demás una buena colada. Si la mediación es buena, el mediador tendrá un reconocimiento de por vida, más que muchos cantantes de rock o ex presidentes aunque durante su etapa política llevaran al paro a medio país. Dentro de los mediadores, puntúa positivamente si eres cura irlandés.

Puta

Viene a hacer una labor parecida a la del mediador: es la persona que media entre dos partes, pero sólo atiende los problemas de una de ellas (el marido) sin que la otra (la esposa) tenga constancia de ello. Es un servicio que está en auge porque cada vez hay más demanda, sobre todo en época de liga de fútbol, cuando hace falta celebrar las victorias o desahogarse por las derrotas. El empate también se celebra.

CUIDADOR DE ANCIANOS INTERNACIONAL

De unos años a esta parte hemos hecho acopio de la mano de obra barata que viene sobre todo de la zona de Sudamérica. Es típica la estampa del anciano en su silla de ruedas empujada por un ecuatoriano dando un paseo por las calles de nuestras ciudades. A veces la familia no se atreve a decir a su mayor que un extranjero va a hacerse cargo de él y se la intenta colar, pero una persona que ha vivido tanto no es por nada... «Ese chico que me cuida está demasiado moreno para ser mi sobrino de Albacete, como me dijisteis». «Por cierto, esta semana se viene toda su familia de Albacete a vivir a casa». Y es que a fuerza de estar tantas horas juntos algún anciano ha llegado a dejar la herencia al inmigrante. Es el caso de uno de los hermanos Mendizábal, los de los cementos, que cedió su parte de la empresa al ecuatoriano Silvio de la Cruz; así surgió la rama Mendizábal de la Cruz y familia.

Profesiones sin futuro en Euskadi

Animador de hotel

En el hotel mediterráneo normalmente se hace vida y un turista puede pasarse una semana entera sin salir del mismo a base de piscina, con animador de hotel incluido, y buffet libre; en el norte eso es un pecado, no se estila el régimen de PC (pensión completa), como mucho el AD (alojamiento y desayuno) y sin nadie que lo anime a uno, que uno ya viene animado de casa, hombre. Aquí la gente usa los hoteles para dormir, no para bailar ni hacer *gymkanas* vestido de vaquero.

Au pair (cuidador de niños)

Tampoco tiene futuro esta profesión porque cada vez nacen menos niños. Y los que hay terminan por cuidarlos los abuelos. Sí, en la época dorada de los abuelos, cuando sueñan con tostarse al rico sol del Levante, amanecen un día viendo que por vecinos de bloque tienen a ¡su hijo/a y nuero/a! «¡Hola, que vamos a ser vecinos y así de paso podéis estar más con vuestros nietecitos!». Es el llamado «efecto acorrale»: dos o más hijos acorralan el piso de los padres-abuelos con viviendas colindantes. Se aprovechan de su generosidad —qué abuelo rehusaría cuidar de un nieto— y encima les riñen: «¿Para qué has dado al crío chucherías antes de comer?», «Coño, pues cuídalo tú, que para eso es tuyo». «Maite, ¡vámonos para Marina D'Or!».

TERRORISTA

¡Ojalá!

ADIESTRADOR DE DELFINES

Aquí no se entiende lo de ir a aplaudir a un pez grande que empuja una barca hinchable con un niño dentro. Cualquier vasco se haría adiestrador de peces, pero sólo si éstos son anchoas (boquerones) y en tal caso les enseñaría a venirse desde otros lugares a la costa vasca, donde tanto escasean.

ESCULTOR FIGURATIVO

En el País Vasco la mayoría de esculturas que se colocan en los parques, las plazas y demás rincones son abstractas. Esculturas que, cuando viene uno de fuera y te pregunta: «¿Qué son esos hierros...?», uno no sabe realmente qué contestarle. Son esculturas que nos definen, esculturas «nuestras». Así que, si usted es de esos escultores que están acostumbrados a realizar algo tan normal como una preciosa figura humana sobre un caballo, recuerde que para ubicarla por estos lares quizá se tendría que plantear aplastarla una vez acabada, llenarla de óxido y ponerle un nombre como «Holocausto de relinchos».

TAXIDERMISTA

El vasco no es de disecados. Raro es ver en los hogares del País Vasco cabezas de animales incrustadas en las paredes al estilo de los chalés de Marbella. Dentro de su casa sólo concibe tener animales que estén enlatados, congelados, ahumados o en salazón.

ESCRITOR DE LIBROS DE HUMOR

Estamos bien servidos a Dios gracias.

Séptima parte

Inconvenientes de salir con un vasco

Un vasco y yo

Los vascos y la orientación

Acompañar a un vasco buscando una dirección en París o en Roma o en Amsterdam tiene más peligro que hacer *rafting* en las cataratas del Niágara. El vasco es capaz de dar vueltas y más vueltas al mismo barrio sin que se le ocurra preguntar una sola vez. Volverá a pasar una y otra vez por el mismo parque, por la misma plaza, por la misma fuente fingiendo que no se da ni cuenta:

—¿No hemos pasado ya por esta plaza? —preguntará usted al borde de un ataque de dolor de callos.

—¿Sí? No me suena.

Usted, lógicamente, se ira calentando paulatinamente, empezará a sudar y le dolerán los pies, pero él se mostrará insensible: «Vamos a investigar qué se ve desde aquella esquina», propone, porque el vasco va por esas ciudades como si fuera por el monte, donde el panorama puede cambiar en un recodo del camino. Pero desde aquella esquina no se ve más que calles y calles y la ciudad, que parece interminable. Entonces usted aporta la solución:

—¿Por qué no preguntamos?

—¿Preguntar? Quita, quita, qué corte.

Y así puede ir pasando el tiempo, y pasando el tiempo, y seguir buscando y seguir buscando y ocurrirle a usted lo que le pasó a aquella pareja de recién casados que partieron a París de viaje de novios en 1994 y que cuando fueron encontrados en 2005 aún no habían encontrado el hotel. Eran ya una auténtica familia: padres y tres hijos.

El vasco no busca. El vasco quiere descubrir. Él es un conquistador, un aventurero, algo tímido, pero lleva un Indiana Jones dentro. Por eso para él pedir ayuda en la búsqueda sería como salir de una nave en el espacio a preguntar por dónde se va a Marte. Si usted se lía con un vasco, tenga en cuenta que deberá llevar en los viajes un buen mapa o plano de la ciudad, una generosa dosis de paciencia... y unas cómodas zapatillas.

LA PALABRA DADA

Los vascos confían en su palabra. Es el contrato más seguro que hay. Algo absolutamente inviolable, un compromiso al que no se puede faltar. En este sentido, tenga cuidado; proponer cualquier cosa a un vasco —aunque sea la cosa más tonta y trivial del mundo como ir al supermercado o a limpiar el coche— y luego cambiar de planes es como prometer a un niño ir al circo y luego llevarlo a merendar puré de verduras a casa de sus tías las solteras. Le agarrará una pataleta de cuidado o, peor aún, se sentirá defraudado durante un tiempo bastante más largo que el razonable. O sea, de morros más de una semana.

Es tanta la fe de los vascos en la palabra dada que en Euskadi se duda seriamente de la necesidad de que existan notarios para testificar los contratos privados. Muchas compraventas y otras transacciones se realizan por el sistema del apretón de manos a la vista de un testigo cualquiera: el portero, una vecina (que no sea la ciega), un compañero de trabajo... Con eso bastará. Nada de citas en las notarías de esos señores con nombres tan rimbombantes.

Esto nos lleva a plantearnos la inutilidad de que en el País Vasco se sellen las quinielas, esa muestra de desconfianza hacia el apostador tan arraigada al sur del Ebro. Nuestros jugadores no necesitan el control de nadie para saber qué han apostado y cuándo han acertado.

—José Mari, que tienes una de catorce...

—Ya sé, chica, que he acertado, pero no la voy a cobrar porque esta semana no pensaba echar la quiniela.

Los vascos y la ecología

Si usted pretende beneficiarse de las ventajas que trae consigo salir con un vasco, olvídese de cualquier escrúpulo ecológico que tenga. El nivel de vida del País Vasco está absolutamente reñido con la ecología. Según la ultima encuesta sobre sostenibilidad y recursos naturales, para mantener el nivel de derroche de, por ejemplo, Noruega, hacen falta los recursos naturales de todo el planeta. Para mantener el nivel de Alemania, con lo educados con el medio ambiente que son los teutones, dos planetas. Italia ya consume tres. Francia, tres y medio. Euskadi encabezaría la lista de derroche con... ¡seis planetas! ¡Si es que como aquí no se vive en ningún sitio! Gastamos para todo el doble que los demás. Parece que para hacer la mesa de la negociación necesitáramos la leña de tres Amazonias.

Y es que en ningún sitio se derrochan los recursos con la alegría que se hace en Euskadi. El agua, que es el petróleo del futuro, a nosotros se nos va como sin sentirla. El dicho «Agua que no has de beber déjala correr» parece el lema del país. Debería estar en el himno. No bebemos agua ni por asomo aunque la ducha diaria de un vasco gasta más agua que un poblado de ciento cincuenta nubios en un mes. Hay quien hace diez minutos de ejercicio en el gimnasio para pasarse luego media hora bajo el grifo del agua calentita mientras afirma «Lo mejor del ejercicio es el duchazo de después». Y no hay quien cierre el grifo mientras se lava los dientes o se afeita. Con decir que ha habido casos de personas que, al llegar a casa, para sentirse acompañadas, en vez de encender la tele o la radio como todo hijo de vecino, abrían el grifo para escuchar el alegre murmullo del agua corriente.

Y no sólo ocurre esto con el agua, que parece un bien tan común en el País Vasco. Con la electricidad sucede lo mismo.

Si ponemos una luz en la puerta del jardín, no nos conformamos con algo menos luminoso que el haz de un faro marítimo. Iluminamos la casa como si fuera Disneyland pero con lámparas halógenas. Y las mantenemos encendidas siempre por lo bonito que hacen.

Tenemos una televisión por habitación, tres ordenadores funcionando y dos pudriéndose y llenándose de polvo, un coche por adulto de la familia —y le damos la bronca continua al que no tiene carné para que se lo saque— y un teléfono móvil por miembro de la familia. Lo del móvil, por cierto, clama al cielo:

—Oye, Luis Mari, que ha nacido ya el hijo de José Ramón. ¿Qué le regalamos?

—Llévale un móvil.

—¿Al padre?

—No, hombre, no. Al niño.

Hay casos de adicción telefónica antes de los 10 años. De hecho, se está estudiando la posibilidad de crear una especie de narcosalas telefónicas en los colegios para que los alumnos que no soporten el mono puedan recibir y enviar mensajes durante las clases.

Tanta tecnología produce muchísima basura, y de la mala, de la que es difícilmente reciclable. Porque, a pesar de nuestro pasotismo ecológico, ya le estamos cogiendo el punto a las bolsitas de colores para el reciclaje de los residuos domésticos. Pero con los residuos industriales no hacemos carrera, y eso que la crisis de la industria vasca si ha tenido un efecto positivo es haber acabado con la nata espumosa que flotaba majestuosamente en los ríos vascos.

De los animales, ya les hemos comentado que están divididos en los que se comen y los que no. Los primeros son muy apreciados. Los segundos, nada. Ésa es la razón por la que no existen los zoológicos en el país. ¿Para qué? ¿Para mantener algo tan grande como un elefante y luego no poderlo comer? ¿Qué haces con los felinos? ¿Leche de tigre? ¿Queso de pantera?

Aun así, es mucha la gente que tiene los llamados animales de compañía. Pero en este caso generalmente se produce el efecto de la «humanización del animal». Es decir, son animales tratados como seres humanos en todos los ámbitos. Se les otorgan los mismos derechos, se les alimenta como a reyes y ha llegado a haber perros con un fondo de armario de semejante tamaño como para sacar los colores al mismísimo Elton John.

Salir con un vasco engorda

Creemos que este concepto ha quedado claro a lo largo del presente tratado, pero por ser tal vez el principal inconveniente para iniciar una relación con un vasco, especialmente en el caso de las mujeres, no está mal recordarlo una vez más.

Tenga en cuenta siempre ciertos factores. El fin de semana, por ejemplo, es un ejercicio manducatorio que pondría los pelos de punta a cualquier endocrino. Además, este exceso alimentario está envuelto en un doble lenguaje que puede llevar a confusión: «Dar una vuelta» no significa en ningún caso un paseo que ayude a bajar unas calorías. Significa todo lo contrario: un recorrido de bar en bar, bebiendo txikitos y probando unos pintxos que son el microcosmos de la nueva cocina vasca, deliciosos y sorprendentes a más no poder, pero que esconden una bomba calórica que ríase usted del uranio enriquecido. Y como hacen los japoneses con la tecnología, que reducen el tamaño de los aparatos y encima ganan prestaciones, así hacen los vascos con la cocina: reducen el tamaño sin rebajar el precio. La «cocina en miniatura» es un invento tan modélico que merecería ser oriental.

Claro que, como en todo, la suerte también influye en esto. Imagínese que usted viene al País Vasco y liga con un practicante de yoga, o con un vegetariano irreductible, que también los hay. No es que sean muchos —unos pocos cientos—, pero curiosamente están casi todos solteros. Y andan por ahí desesperados. Si se topa con uno de ellos, tendrá problemas: ¿cómo convencerá entonces a sus amigas de Valencia o de Murcia, o de donde sea, de que se ha echado un novio vasco? ¿No se comía tan bien en Euskadi? ¿Cómo es posible que no haya engordado un gramo? Su credibilidad estará en entredicho. No se preocupe: le proponemos un régimen para engordar de forma definitiva.

RÉGIMEN PARA ENGORDAR DE FORMA DEFINITIVA

Si usted tiene la mala suerte de haber topado con un vasco que no hace el debido honor a nuestra fama —totalmente merecida, por otra parte— de glotones, no se desespere: le presentamos el Régimen de la relatividad, también conocido con el nombre de Método engordatorio para vegetarianos consortes. ¿En qué se basa? Muy sencillo: piense que cualquier cantidad de comida que ingiera engorda sólo relativamente y que, por tanto, tendrá que comer como una auténtica bestia para conseguir los resultados apetecidos. La fórmula mágica de este sistema es tan universal como la que domina las relaciones del universo entero:

$E = mc^2$ *(Engorde es igual a masa de comida al cuadrado)*

Es decir, usted tendrá que lograr comer el doble de lo que necesita para engordar de forma regular y sostenida. Sin preocuparse de las calorías. Ni de que los alimentos engorden más o menos. Aunque sólo coma cosas tan tontas como coles de Bruselas o brócoli. O ensaladas de rúcula y otros hierbajos como berros y canónigos. U otros alimentos que parecen sacados de las retortas de las brujas de los cuentos medievales y que, según aseguran los aprendices de vaca llamados vegetarianos, no engordan. ¡De eso nada! Coma usted el doble de lo que necesita y verá que el verde también es capaz de siluetear unas pistoleras de escándalo y redondear una tripa con una curva de arco iris. Piense en que todos los grandes animales —vacas, elefantes, rinocerontes— son herbívoros. Le ayudará. Y en pocos meses podrá presumir de tener un novio vasco aunque sólo la lleve a comer menestras. Y sus amigas no lo pondrán en duda.

Si su vasco no bebe vino, tampoco se desespere. *Beba agua, mucha agua, pero carbónica*, o mejor carbonatada; esto es, con burbujas, muchas burbujas. Y sígale la corriente: por las mañanas, dos litros mejor que uno, que en ayunas el agua ayuda a limpiar el organismo. Parece que el agua no engorda, pero la burbuja infla que es una bendición.

Nada de zumos naturales. Los refrescos de máquina son mucho mejores: no quitan la sed y redondean la figura. Y nada hay tan sano y tan nutritivo como un buen batido de frutas; eso sí, con un poco de nata. A media tarde es un apoyo inesperado para nuestros fines.

Alabe sin reservas los frutos secos. Sobre todo el pan que se hacen ellos; créanos, por extraño que parezca: el pan con nueces o sésamo es riquísimo y nos va a venir de perlas para empezar a marcar barriga desde el primer día.

Los lácteos son una salvación. Aproveche cualquier ocasión para untar unas rebanadas de pan con quesos cremosos de verdad. Nada de quesitos insulsos y jóvenes, frescos, tipo Burgos. Cuanto más amarillo está el queso, más engorda. Y los de untar... piense una vez más en las vacas.

Tenga en cuenta que hay vegetales con un contenido en grasa que ya lo quisiera para sí una chuleta de kilo y medio. No se corte, *empapúcese de aguacates y aceitunas*; es un medio seguro para engordar sin poner en riesgo su nivel de colesterol.

Con estas apreciaciones estamos en disposición de ofrecerle una serie de menús, totalmente vegetarianos, para que pueda engordar con su amigo el vasco yogui.

Desayuno

— Entre litro y medio y dos litros de agua cabonatada. A poder ser con burbuja gorda.

— Media docena de tostadas de pan integral de sésamo y nueces untadas con aguacate y aderezadas con aceite de oliva.

— Dos raciones de queso camembert.

— Un par de cafés con crema de leche.

— Volverse un ratito a la cama porque en realidad no hay tantas cosas que hacer en este día.

Almuerzo

— Un refresco de naranja.

— Un par de pintxos de tortilla.

— Una selección de frutos secos: almendras, pistachos...

— Docena y media de aceitunas.

— Hacer el resto de los recados de la mañana en taxi.

Comida

— Doble ración de ensalada de rúcula con queso fundido de cabra y aceto balsámico.

— Tosta de pan integral con nueces y berenjenas asadas con pimientos.

— Espagueti carbonara con doble de nata.

— Una crêpe de verduras.

— Fresas con azúcar.

— Litro y medio de cerveza sin alcohol.

— Una siesta de dos horas después de la comida.

Merienda

— Un gran vaso de leche con doce galletas integrales hechas con trigo moro.

— Una barrita energética sustitutiva de las tres comidas del día.

— Una ración grande de tarta de frutas.

— Retrasar las llamadas pendientes a la merienda de mañana no vaya a ser que nos den un disgusto y nos quiten el hambre.

Cena

— Ensalada de setas con ajos tiernos y tofu.

— Un par de huevos fritos con patatas y pimientos.

— Paella mixta de arroz integral.

— Una botella de vino blanco de Alella.

— Medio litro de helado de café.

— Seguir insistiendo en la lucha contra el tabaco que, además de sana, engorda una barbaridad.

La barriga vasca

Tal como descubrió Conrad Aguirre en su libro titulado *El cuerpo de los vascos, ese planeta desconocido,* desde el alba de la humanidad los vascos han venerado una zona del cuerpo por encima de las otras: la barriga. Curiosamente y a diferencia de otras culturas, eso no era el reflejo de un mito que exaltaba la fecundidad, puesto que en la cultura vasca los modelos de esculturas barrigonas encontrados en las cuevas prehistóricas eran indistintamente masculinos y femeninos. Esto despistó durante años a los investigadores. Además, los famosos versos encontrados en la Sabela-arria (la piedra del vientre), considerada como la «piedra Roseta» de los vascos, no ayudaban nada a esclarecer la situación:

Hay en el mundo una cosa
que el sueño siempre me quita.
Es la curva que describe
tu barriguita.

Sin embargo, nuestro Conrad encontró una explicación plausible a este fenómeno. Según él, la barriga era una especie de «índice de felicidad» que daba una información fidedigna sobre el nivel de esfuerzo, de actividad física y, en definitiva, sobre el nivel de vida de determinada persona. Un individuo adulto con un vientre plano es un currela que se parte el lomo de sol a sol. Puede resultar atractivo, pero poco prometedor desde el punto de vista económico. Sin embargo, un rechonchito cuarentón está más que claro que se da una vidorra de lujo, sale a cenar, riega la comida con buen vino y, sobre todo, tiene que tener buen carácter porque quema menos calorías de las que ingiere.

De ahí que la barriga resulte tan importante en el universo vasco. Nos ayuda a colocar a las personas en el mundo de una manera rápida y eficaz sin dudas ni preguntas insidiosas.

TIPOS DE BARRIGA

Pero no todas las barrigas son iguales, como usted seguramente ya ha tenido ocasión de comprobar. Hay innumerables variedades, pero, por mor de la didáctica, nosotros las reduciremos a una decena.

Vamos a dividir las barrigas en tres grandes categorías: el vientre plano, las barrigas simples y las barrigas compuestas.

El vientre plano

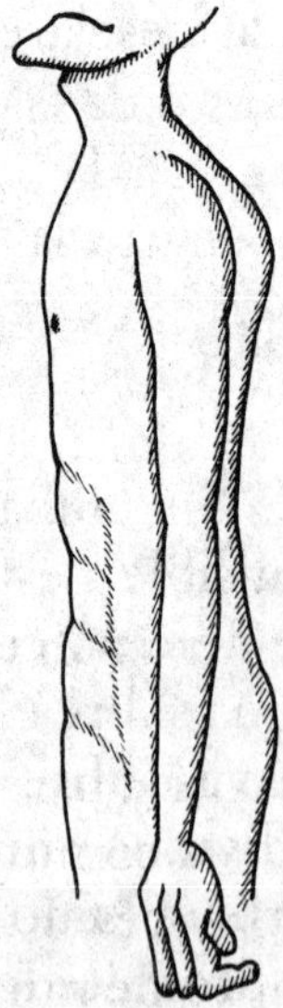

Es el síntoma de la mala vida. Pero mala en el verdadero sentido de la palabra. Un tío con el vientre plano es un *pringao*, alguien que tiene que trabajar como un esclavo para ganarse la vida. Además, come menos de lo que necesita. Y no le llega. No le da para disfrutar de la vida porque nadie en su sano juicio despreciaría los placeres de la buena mesa tanto como para no dejar que en su vientre apareciera aunque sea una leve curva. El vientre plano es sinónimo de trabajo duro, de estibador del puerto, de repartidor de cerveza o Coca-Cola, de peón de albañil en la obra... de cosa de poco futuro, por regla general. Salvo en el caso de los futbolistas profesionales de primera división, que son casi los únicos millonarios delgados y que sudan trabajando del País Vasco.

Claro que, como en todo, también aquí hay excepciones. Hay vientres planos que denotan un cierto egocentrismo; especialmente cuando la lisura ventral se ve alterada por una docena de abdominales. Se logran esos abultamientos gracias a una férrea disciplina de gimnasio. Es algo durísimo. Inhumano. Aun así, los adeptos a parecer pobres —es decir, los pobres de espíritu— poco a poco van ganando un lugar cada vez más importante en la sociedad. Cuidan su cuerpo con una veneración digna de mejor causa. Es un reflejo infantiloide que pretende mantener la juventud más allá de lo recomendable. Pero es que hay gente para todo, y estos locos del propio cuerpo prefieren lucir las chocolatinas a probarlas, comen con agua y están todo el día contando... calorías.

La ausencia de barriga es también un síntoma de enfermedad. En el País Vasco, a nada que uno adelgace un poco, enseguida tendrá pinta de enfermo. Si la tripa le desaparece, estará directamente a un paso del otro barrio.

Barrigas simples

Dentro de las barrigas simples destacamos seis categorías: el barrigón, la barriga alta, la baja, la peonza o circular, la versión femenina y la lateral. Como le ocurre a toda reducción con fines didácticos, esta clasificación resulta algo arbitraria, pero a nada que el avisado lector conforme su propio código de signos le será sumamente útil a la hora de establecer sus propias categorías.

El barrigón

Ésta es la barriga por excelencia, la tripocha más extendida en toda la comunidad, y también por Navarra y por el País Vasco francés. Es la clásica kupela que todo vasco sueña con tener desde niño. Es la barriga de la clase media, o sea, del de-

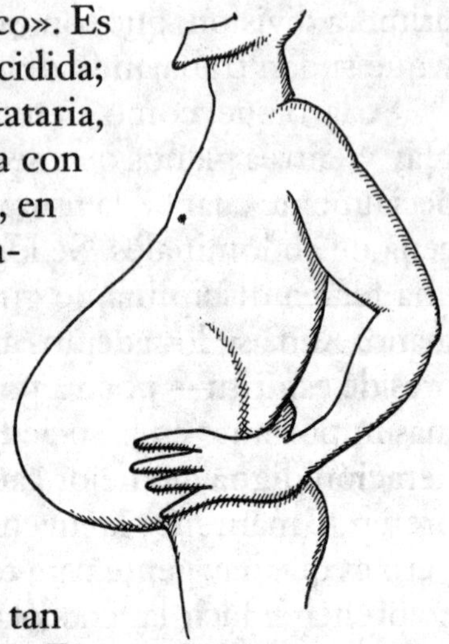

nominado «pueblo trabajador vasco». Es una barriga oronda, armónica, decidida; una barriga de izquierdas, contestataria, abertzale, popular; es una barriga con ganas de desfilar en la tamborrada, en el Alarde de San Marcial; una barriga con ganas de toros, de fútbol... Una tripa que se echa hacia delante con determinación, sin ningún miedo ni pudor, que proclama a los cuatro vientos que todo lo que contiene en su interior está pagado y que el dueño de semejante rotundidad está tan orgulloso de ella como de sus hijas. Es la barriga frontal por excelencia.

Esta barriga trabajadora muestra hasta qué punto de la escala social ha calado el buen vivir entre los vascos. Pertenece a aquellos que trabajan en la industria, en la pequeña y mediana empresa, en las cooperativas. Gente que tiene en su trabajo su patrimonio, que puede permitirse ciertos lujos, pero no todos. Esta barriga es generalmente fruto de un monocultivo, como lo insinúan sus denominaciones populares: barriga cervecera o barriga sidrera, kupela en euskera, que quiere decir «barril», lo que nos indica que sus dueños deben recurrir al engordatorio para lucir esa redondez tersa como la piel de un tambor.

La versión femenina

La versión femenina de esta barriga es la barriguita. En esta variante no se busca tanto la redondez ni la tersura a punto de explosión del barrigón masculino. Al parecer, se valora mucho más el menor tamaño de la tripa que en los varones y cierta cualidad mantecosa y temblona, suave y dulce, también muy apreciada en los pechos, en los muslos y en ciertos lugares de los antebrazos.

La peonza

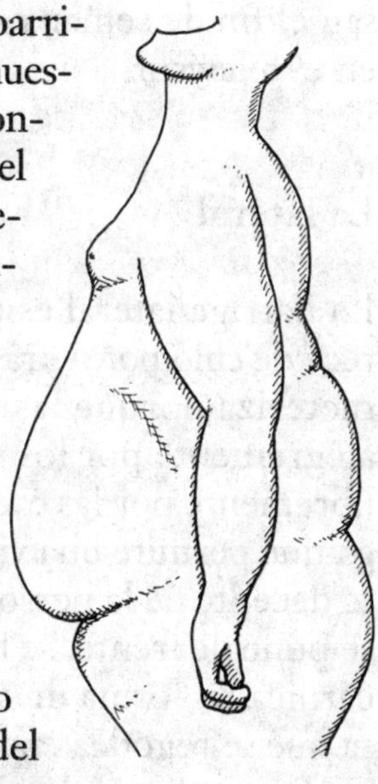

Es también conocida por el nombre de barriga circular. Los individuos que la lucen muestran un perfil que recuerda al de una peonza: el abultamiento comienza a la altura del pecho, logra su máxima cota en las caderas y va perdiendo rotundidad paulatinamente hasta desaparecer en la cota de las rodillas, más abajo de la hinchazón de los muslos. Los pies y la cabeza resultan proporcionalmente ridículos ante las proporciones del torso. Además, esta barriga incluye el culo como territorio anexionado a su volumen, por lo que crea un único espacio; de ahí su carácter circular. Desde cualquier punto de la barriga hasta el hipotético centro del individuo hay la misma distancia.

El punto de equilibrio, colocado a una altura bastante elevada, hace que estas personas caminen con pasos relativamente cortos y rápidos, como si corrieran. Por otra parte, estas barrigas dificultan la visión de los genitales de forma directa. «Ni sé hace cuánto que no me la veo» es frase corriente entre los orgullosos dueños de esos descomunales vientres.

Algunas líneas aéreas sin escrúpulos han intentado cobrar doble billete a los poseedores de una de estas barrigas con la excusa de que no entraban en esos exiguos asientos que con tan poca vergüenza ofrecen a sus viajeros, como si no fueran embutidos hasta los delgados. Pero donde verdaderamente tienen problemas estos Obélix vascos es a la hora de comprar ropa. Son los grandes compradores de los almacenes de tallas grandes y enormes.

Es una gordura esta que exige una dedicación casi exclusiva porque tal vez sea la más explosivamente espectacular. Y se necesita también salud y lozanía para soportar sin peligros cardiacos semejante sobrepeso. Es, pues, la gordura de los jóvenes que trabajan bajo un fuerte estrés delante del ordenador y sin tiempo y sin ganas para quemar energías. Se pasan el fin de semana viendo pelis y jugando a la play station en el televisor.

La lateral

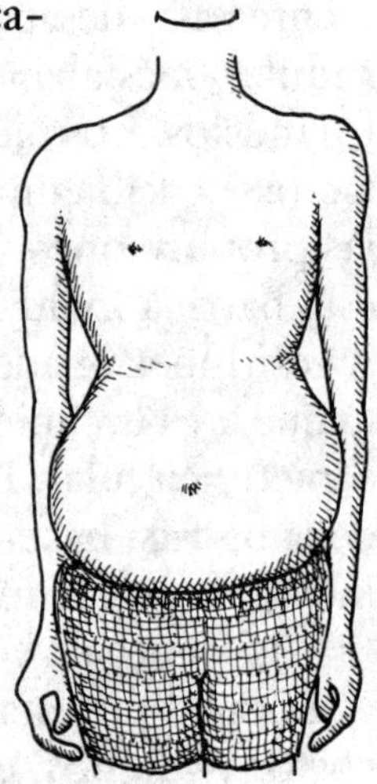

La barriga lateral es plana por delante y carece de culo por detrás. Esta gordura se caracteriza porque las lorzas se despeñan alegremente por los costados y cuelgan libremente por las caderas. Es una barriga que permite una visión lateral bastante decente de la persona, pero, en cuanto se pone de frente, se le adivina la riqueza cárnica en forma de cinturonazo de grasa que se regodea en los costados y dibuja pliegues verticales en la espalda que van a morir a la cadera.

Es una hermosura ésta un tanto de clase media alta, de gente que debe cuidar su imagen, pero que no puede renunciar a los placeres de la vida; los cincuentones de buen ver, los ex deportistas y los ejecutivos que juegan al pádel. También es la favorita de los políticos.

En versión redondita —algo más flácida por el frente— es también la gordura de los homosexuales, los bisex y las locazas que pueden reducir el volumen de su zona frontal mediante una reducción abdominal.

Es una barriga elegante a la par que discreta, muy apropiada tanto para directivos de cajas de ahorros y empresas en general, presentadores de televisión y comerciales de la industria farmacéutica como para peluqueros de señoras, estilistas y decoradores.

La baja

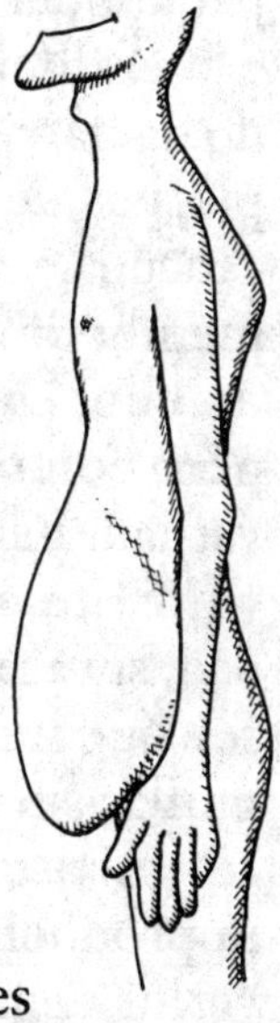

La barriga baja es la que crece por debajo del cinturón y da a su poseedor el aspecto de llevar los pantalones directamente colgados de los sobacos. Hace a la persona mucho más baja de lo que es y muchísimo más rechoncha.

Es una barriga extraña, que surge de repente, sin previo aviso. Es una barriga obscena que crece alrededor de los genitales como si fuera una hinchazón de los huevos. De hecho, da una pinta de que te pesan los cataplines una barbaridad, de que eres un «huevazos» de tomo y lomo, un zángano sin remedio. Y de que todo en la vida te importa un pimiento.

Tal vez la impresión sea acertada porque es la barriga que lucen porteros de inmuebles, bedeles de la diputación, funcionarios que hacen fotocopias en la Universidad Pública Vasca, personajes a los que les preocupa más que se les pase el arroz de la paella que el arroz de su vida.

Esos kilitos de más bajo el cinturón son fruto de continuos atracones de legumbres, garbanzos con tocino, alubias con todos sus sacramentos, alimentos que necesitan un potente sistema de aireación para que no provoquen hinchazones dolorosas que sólo pueden ser remediadas con un severo régimen.

La alta

Como usted sin duda habrá deducido, la barriga alta es la que surge por encima del cinturón. «Aquí hay gato encerrado —pensará usted—, puesto que las dos últimas barrigas dependen de dónde se coloque uno el cinturón». Pero eso no es

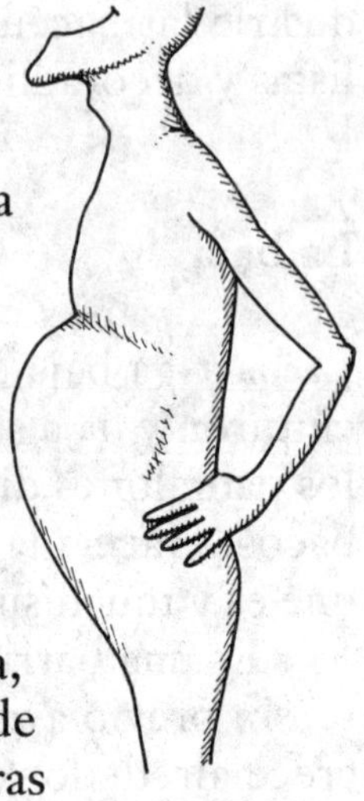

así; la barriga alta no permite colocar el cinturón por encima de ella en ninguna circunstancia. Es más, se coloque donde se coloque ese complemento del atuendo, la propia tripa se encarga de llevarlo al bajo vientre para poder mostrar toda su lozanía.

A diferencia del barrigón ya estudiado, la barriga alta va acompañada de unas piernas de alambre, largas como de ave zancuda, y unos brazos tristes, largos y desmembrados. Y un culo inexistente. Por todo ello, en la figura sólo destaca la barriga, pero como de pasada, sin querer destacar de verdad. Es propia de personas altas, soñadoras y quijotescas; despistadillos que la llevan como por casualidad, sin ese orgullo por su barriga que muestran otros. Tal vez sea que no es un requisito de su figura y que la pueden camuflar sin problemas en cuanto se pongan una chaqueta.

Artistas, artesanos, periodistas, libreros y demás gentes improductivas lucen con poco garbo esa tripa. Es un delirio verlos en la playa con el «Meiba».

Barrigas compuestas

Dentro de las barrigas compuestas destacamos, asimismo, tres tipos principales: la doble, la triple y la cuádruple. Señalamos también que las barrigas compuestas son la aristocracia del universo de la kupela. Tener una buena panza es síntoma de buena salud tanto física como económica. Aunque tener más de una es un lujo sólo reservado a los más poderosos.

La doble

La tripilla doble se forma cuando las barrigas alta y baja deciden unir sus fuerzas y lograr un aspecto diferente. Es entonces cuando la una cae sobre la otra formando un gracioso pliegue horizontal que recuerda un accidente geográfico, como un desfiladero entre montañas. La hendidura es particularmente notoria cuando el individuo está sentado en una silleta de playa con las carnes al sol. Y por caro y llamativo que sea el par de gafas de sol que lleva puestas no hay manera de quitarle los ojos del pliegue tectónico de su tripita ni de dejar de preguntarse: ¿a qué profundidad estará el ombligo?

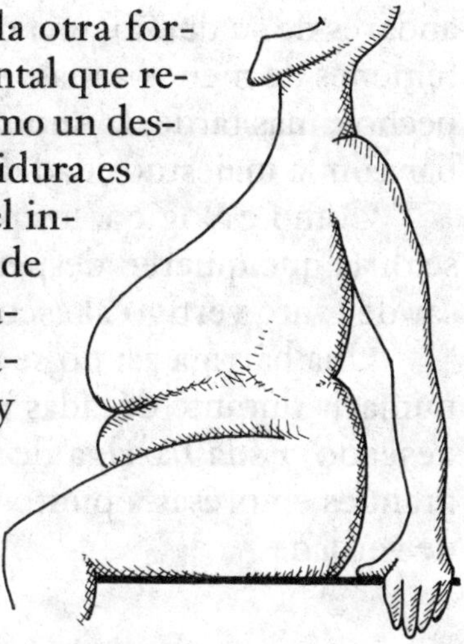

Esta barriga doble es propia de aquellos a quienes la fortuna ha sonreído desde jóvenes y han hecho habitualmente mas de tres comidas al día sin que se les olvidara una ni por asomo, siendo la más importante de ellas una copiosa y abundante merienda.

Esta barriga es la preferida de aquellos que siguen la vocación del padre, siempre que ésta sea una profesión liberal, como abogado, médico, ingeniero, etcétera.

La triple

Cuando a la asociación de barrigas mencionadas anteriormente se unen las tetillas en el caso de los hombres o los pechos en el de las mujeres, se produce la llamada barriga triple. Es un encadenamiento que va creando a través del torso un ritmo pendular. Una especie de oleaje de lorzas de elegante y armonioso movimiento y que realizan una auténtica danza del vientre al son de los

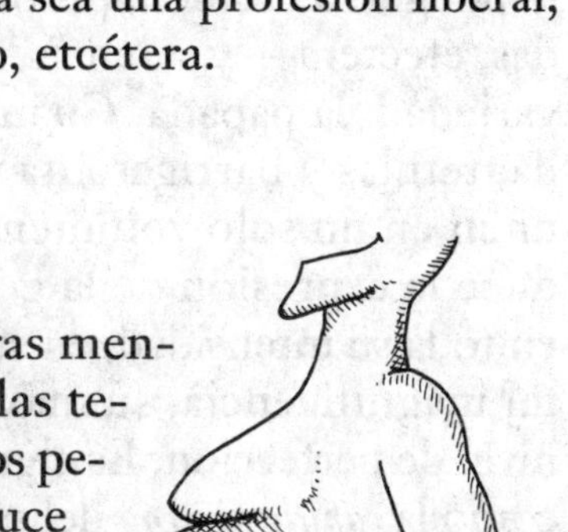

andares de su dueño; una cascada cárnica que modela sus volúmenes de menos a más: primero, la suave hinchazón de los pechos; más tarde, la importancia de la barriga alta, para acabar con la majestuosidad del barrigón.

Como es lógico, los pezones miran tan hacia abajo que se diría que quieren despeñarse de esas alturas e ir a descansar de tanto vértigo al escondite del ombligo.

Una barriga así no se improvisa, por supuesto. Hay que mimarla durante décadas para que al final el resultado sea el deseado. Es la barriga de los dignatarios, los directores de grandes empresas a punto de jubilación, la gente importante de verdad.

La cuádruple

Ahora sí que nos encontramos ante la auténtica reina de las barrigas. Ésta es una barriga auténticamente espectacular; recoge todas las maravillas de las anteriores —pliegue tectónico, pezoncillos suicidas, etcétera— y, además, añade una variedad: la papada. Cuando papada, tetillas y barrigas alta y baja se unen en un solo volumen, se produce la expresión de la gordura en toda su intensidad, en su total magnificencia, su máximo nivel de perfección. Es algo así como la *capilla sixtina* del mundo barriguil.

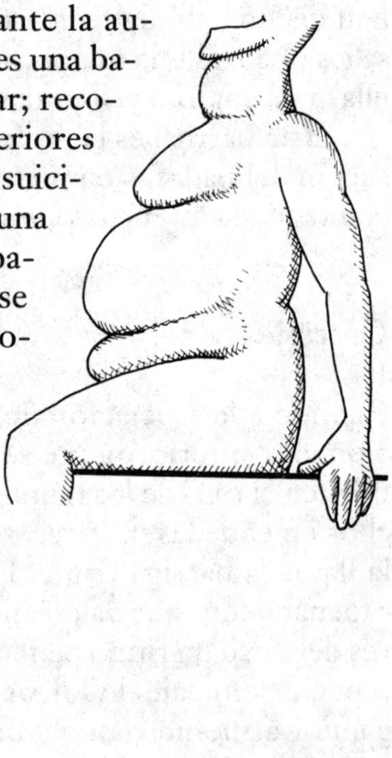

octava parte

gastronomía bíblica

Todo está en la Biblia

Si hay un libro donde se hable de comida todo el tiempo, ése es la Biblia; sin embargo, nunca se ha hecho un estudio sobre el particular. Por eso hemos querido dedicarle un apartado en este libro. Nos parece interesante a la par que necesario para usted, que ya ha incluido en su vida a su vasco o vasca y a la gastronomía con mayúsculas. Es la aportación científico-gastronómica a esta obra de los estudios vascos, lo que faltaba para terminar de demostrarle que la comida ciertamente es una religión. Y de eso precisamente le vamos a hablar.

No se entiende que se hayan publicado «las recetas del Quijote» y no se hayan editado «las recetas de Jesús», que dio más lecciones de cocina que el hidalgo manchego. Por no mencionar que Jesús y su padre, Dios, fueron dos vascos por antonomasia (se lo demostramos en *Todos nacemos vascos,* página 188); y lo vasco es a la comida como lo brasileño al tanga, con lo cual el mensaje divino está irremediablemente ligado al universo gastronómico... por los siglos de los siglos.

LA DIETA BÍBLICA Y LA LONGEVIDAD

Hace más de dos mil años la gente vivía mucho, ahí tenemos a Abraham que murió con 175; su mujer Sara, con 127; Noé, 950; Matusalén, 969. Qué hermosura. Entonces era normal tener hijos a los 100 años. Vamos que allá las clínicas de Houston no hubieran tenido ningún futuro, las personas tenían una salud de hierro y no había necesidad de tomar soja, complementos de calcio o practicar taichi todos los días. Esto se debía a la alimentación que llevaban. ¿A qué si no? Hoy en día ensalzamos la famosa dieta mediterránea, que a lo más te hace vivir 90 años, 100 y te sacan en el periódico, y nos quedamos tan contentos, cuando no tenemos más que echar la vista atrás para tomar nota; nuestros antepasados conocían el secreto de una alimentación sana y equilibrada.

LOS CUATRO ELEMENTOS DE LA BIBLIA

La base de la alimentación y de la cocina de las Santas Escrituras está formada por cuatro elementos muy claros: el *agua*, el *aceite*, el *trigo* y el *vino*. Con esta materia prima hacían la mayoría de sus platos, luego estaban los considerados platos fuertes, que sobre todo eran el novillo, el cordero y los peces en general. Nosotros pensamos que no hay que abusar de la proteína animal y en el Antiguo Testamento se ponían morados. Por ejemplo, era motivo de fiesta el día en que Yahvé ordenaba sacrificar un cordero para hacer una celebración. Sólo con ver la pieza asándose en aquellos fuegos de leña en pleno monte a más de un comensal se le caía la baba... por dios. Unas costillitas de asado con un poco de sal y... Por cierto, ¿se sazonaban los guisos en aquellos tiempos?

EL QUINTO ELEMENTO: LA SAL

Mencionamos aparte este condimentador natural de las comidas por el tratamiento tan especial que tiene en los textos sagrados. Escuchamos hablar por primera vez de la sal cuando la mujer de Lot, al huir con éste de su ciudad, se da la vuelta para ver cómo arden Sodoma y Gomorra. «Su mujer miró hacia atrás y se volvió poste de sal» (Génesis 19, 26). A todas luces, un método de obtención de cloruro sódico mucho más barato que las costosas salinas contemporáneas. A lo que íbamos, es frecuente leer en la Biblia que comían ésta u otra cosa, pero casi no se menciona la sal y, si se hace, ya hemos visto que es con connotaciones negativas: la sal es un castigo para el cuerpo. Es lo que precisamente repiten una y otra vez en el programa de salud *Saber Vivir*, en Televisión Española, porque dicen que provoca hipertensión; así te endiñan un tensiómetro de cien euros y lo único que hacen es copiar a los cristianos de toda la vida. Ésos sí que sabían: en materia de salud y alimentación, con cuatro o cinco elementos y un poco de conocimiento obraban milagros.

EL MILAGRO DE LOS PANES Y LOS PECES: ¿MITO O REALIDAD?

Usted habrá escuchado cantidad de veces el milagro de Jesús donde con cinco panes y dos peces da de comer a miles de personas. A la voz de «Traédmelos acá» pide a los discípulos que le acerquen estos alimentos. Entonces se produce la famosa multiplicación. ¿Cómo dio de comer el Maestro *vasco* a tantísima gente con tan poca materia prima? No, eso no fue un milagro, eso fue organización pura y dura: partió los panes y los peces e hizo pintxos con ellos para repartir uno a cada uno; por eso pudieron comer todos. En eso consistió la multiplicación. El verdadero milagro está en que, dos mil años después, en San Sebastián, te comas un pintxo parecido y no repitas de lo bueno que sabe, aunque te estén clavando un dineral.

«Comieron todos y se saciaron, y recogieron de los trozos sobrantes doce canastos llenos» (Mateo 14, 20). Los pintxos eran pequeños y los panes y los peces, muy grandes por lo que se ve.

EL MILAGRO DEL VINO EN LAS BODAS DE CANÁ

Aquí lo que hizo el hijo de Dios fue convertir el agua en vino porque en pleno banquete se terminó este último. Si de verdad fue así, se puede considerar un verdadero milagro, porque el hecho de que un litro de agua sosa pase en un santiamén a ser un litro de vino del bueno, en fin, no lo hacen ni los mejores científicos del mundo. No vamos a entrar a analizarlo, nos centramos en lo más obvio de este análisis gastronómico que estamos elaborando y esto sí es claro: aquellas gentes eran muy de vino para comer y no mezclaban; tanto la carne como el pescado se tomaban con el mismo tipo de vino. Tampoco había vinos espumosos para los postres ni licores porque en ningún pasaje bíblico se especifica el varietal que utilizaban. Seguramente, se estilaba el clásico caldo del año que estaba bien y era barato.

La única explicación racional posible al milagro, por si alguno todavía la está buscando, sería que Jesús manchara el agua con un poco de vino y así se multiplicaran los garrafones de la rica ambrosía, aunque entonces el milagro pasaría a ser tomarse esta mezcla y Jesús no lo hubiera hecho: era vasco y un vasco jamás mezcla el vino con agua. El vino es algo sagrado, que, por cierto, descubrió un navegante famoso... y no fue Colón.

NOÉ HABRÍA DADO POSITIVO

Conocemos a Noé por la famosa arca, adonde subió a una pareja de cada especie animal y huyó del diluvio universal. Después está lo de la paloma que trajo la ramita de olivo dando señales de tierra firme cercana; pero se nos pasa por alto que, además de marino, Noé fue el primer vinicultor de la Historia: «Se dedicó a la labranza y plantó una viña». ¿Sería tempranillo, garnacha, verdejo...? «Bebió del vino, se embriagó y quedó desnudo en medio de su tienda» (Génesis 9, 20). Sus hijos se lo encontraron así y «cubrieron la desnudez de su padre sin verla». (Génesis 9, 23). Constatamos aquí la primera melopea de la Historia de la humanidad —a tenor de esta última frase, los hijos también bebieron— y la justificamos. Ojo, que aunque ya había bajado del arca seguro que estaba acordándose del zoológico entero que aguantó durante cuarenta días, metiendo ruido sin cesar y cagándose donde le daba la gana. ¿A qué no olería en el barco de la alianza? Dios.

¿Por qué los vascos van tanto a misa?

Sencillamente, el fiel vasco acude a su parroquia movido por la fe, por la fe de que algún día después del sermón le darán las recetas que aparecen en el mismo. Cada vez que entra en el santo recinto sueña con que en el banco de madera, junto al librillo de los cánticos, haya uno con las recetas de la Biblia.

Las recetas de la Biblia

Esto es para que usted no termine perdiendo su fe (y también por si no quiere tragarse cuatro misas al mes o para que vaya con alegría a la iglesia). Hemos recogido un breve recetario tanto del Antiguo Testamento como del Nuevo, donde le explicamos cómo preparaban sus predecesores las comidas, de las que usted tanto ha oído hablar a los evangelistas, a Dios, a Jesús... Las recetas no traen ilustraciones: se ve la pinta una vez hechas.

Cordero de oblación (ofrenda)

Ingredientes para 4 personas:

- Un cordero
- Una décima de flor de harina
- Un cuarto de sextario de aceite de oliva molida
- Un cuarto de sextario de vino
- Algo de fe

Dificultad: Media. Hay que saber darle el punto al asado sin utilizar sal, que es pecado.

Elaboración: Se coge el cordero y se cuartea. Se prepara en el monte un fuego de rama de acacia y se hacen brasas. Se echa mano de la fe para creer con todas nuestras fuerzas que no va a llover y se nos apagará la lumbre. Encima se coloca la carne, se rezan tres avemarías y ya está casi hecha. Entonces se espolvorea el aceite con la harina para que quede churruscadito. El vino sirve de acompañamiento al asado.

Pintxo de trucha

Ingredientes para 5.000 personas:

• 5 hogazas de pan ázimo* (sin levadura)
• 2 truchas del río Tiberíades
• Rezos variados

Dificultad: Alta. Hay que ser un maestro para conseguir cortar el pan tan fino que dé para 5.000 personas.

Elaboración: Se coge un cuchillo muy afilado y se cortan 5.000 rebanadas microscópicas. Cuando se ha hecho este milagro, se pasa a hacer otro aún mayor: cortar cada trucha en 2.500 porciones. Echar mano de algún rezo que tengamos a mano y es coser y cantar. Se coloca la trucha sobre el pan y se presenta a la mesa.

Lentejas al estilo Esaú

Esta receta se ha extraído del pasaje del Génesis donde Esaú (hijo de Isaac, a su vez hijo de Abraham) pide a su hermano Jacob

* Según nuestros laboriosos estudios, si sólo comieron pan, debía de ser una variedad de pan muy energético para poder desarrollar la actividad física que iban a realizar los ángeles al día siguiente, probablemente con cereales; parecido al muesli.

que le dé su plato de lentejas. A cambio, Jacob le dice que, de cara a su padre, él pasará a ser el primogénito. Esaú accede.

Ingredientes (para 2 personas):
• 1/2 kilo de lenteja roja*
• Agua (sin sal)
• Pan ázimo** o pan cenceño***
• Picante (optativo)

Dificultad: Baja. No hay que hacer este plato con mucho mimo porque es el objeto de un chantaje.

Elaboración: Se coge la lenteja y se echa en una cazuela de garro de Guerar. El tiempo de cocción será lo que duren dos avemarías y un rosario y ya estará. Se acompaña de pan ázimo o pan cenceño, que son dos variedades de hogaza; las dos sin levadura. *Advertencia:* si se quiere que la persona *(el chantajista)* no disfrute del guiso, se añade medio kilo de pimentón picante del Sinaí y se mezcla bien.

Cuajada Abraham

No siempre las comidas bíblicas terminaban en postre, pero encontramos alguna ocasión excepcional en que al becerro le meten al final un poco de dulce para empujarlo. Nos hallamos ante la primera huella de *vasquitud* en materia de postres:

---

* Esaú le dice a su hermano: «Oye, dame a probar de lo rojo, de eso rojo... » (Génesis 25, 30), con lo cual está claro que Jacob había echado pimentón a las lentejas.

** El pan ázimo se utiliza en todo el recetario bíblico. Es un pan que no contiene levadura, con lo cual las hogazas son planas; o sea, los biscotes o tostadas de hoy día, que se los atribuye la marca francesa Lu, pero se inventaron en el Antiguo Testamento.

*** Escuchamos hablar del pan cenceño en el Antiguo Testamento cuando dos ángeles acuden a casa de Lot con la intención de quemar Sodoma y Gomorra por orden de Dios. «Él les preparó una comida cociendo unos panes cenceños y comieron» (Génesis 19, 3).

la primera cuajada de la historia de la humanidad; era de leche de vaca y la hizo Abraham.

Ingredientes:

- Cuajo
- Leche de vaca
- Vasija de barro de Guerar
- Rezo largo

Dificultad: Alta. El cuajo tiene que estar en su punto para que Yahvé le dé el visto bueno.

Elaboración: Se mezcla el cuajo con la leche en el vaso y se hace el rezo hasta que cuaje.

«Abraham, por su parte, acudió a la vacada y apartó un becerro tierno y hermoso... Luego tomó cuajada y leche» (Génesis 18, 7).

RESUMEN FINAL

Primero hay que decir que muchas de las referencias a la comida que hemos visto nacen por boca de Yahvé, que pide a los distintos personajes que le preparen estos guisos. Como buen vasco, era un chef extraordinario que supervisaba todos los platos, pudiendo ser cruel al punto de dejar sin descendencia al aludido si no se cumplían sus peticiones (ocurre en cualquier cocina de prestigio en Euskadi). Les señalaba los alimentos que podían comer y los que no. Así habla de alimentos puros e impuros. «De entre todos los alimentos terrestres podréis comer éstos: cualquier animal de pezuña partida... y que rumia... pero... no comeréis camello...» (Levítico 11, 2). Y de los animales acuáticos, podían comer los que «tienen aletas y escamas, sean de mar o río» (Levítico 11, 9). Obviamente, excluía a los batracios. Desde luego ningún vasco abusa de estos «manjares». En cuanto a las aves, «Tendréis por inmundas y no podréis comer por ser abominación: el águila, el quabrantahuesos, el buitre, el avestruz...» (Levítico 11, 13). Posteriormente

Jesús toma el relevo de su padre y también hace su incursión en el mundo gastronómico. Está plagado el texto del culto a la comida y de la consideración de la cocina como algo sagrado, idea que les anticipamos en *Todos nacemos vascos*.

La Biblia nos muestra unas enseñanzas en materia dietética con las que muchos dietistas se están forrando en la actualidad. Insistimos en la buena salud de aquellas gentes. Mientras tanto, en nuestro siglo cada cierto tiempo salta algún entendido diciendo que tal o cual alimento es malo para el organismo, pero se desmiente años después. No se deje marear. Cójase una Biblia, siga las pautas de los primeros vascos de la Historia y saque sus conclusiones. A nosotros nos han quedado claros estos puntos.

El mito de que el pan es malo

Casi toda la base de la alimentación bíblica se basa en el trigo, comen pan a todas horas, a veces hasta sólo eso, como los ángeles de Lot. Y no hemos escuchado mencionar la palabra *obeso* en ninguna ocasión. Si se resalta algo en el físico de las personas es por ser tullidos, velludos, fuertes... Los vascos estamos de acuerdo en esto: donde hay un plato con salsa debe haber pan para untar.

Un poco de vino es saludable

De ello dio gran constancia primero Noé y luego Jesús. Beber un poco de vino en la comida es bueno para la salud. Sólo un poco, Noé...

El agua se usa para cocinar

El agua en la Biblia no la beben para acompañar las comidas; se usa para bautizar a la gente, para lavarles los pies y para guisar. Como debe ser. Cualquier vasco apoya esta teoría. Ah, y para que naden las ranas, que ésas no se comen.

El aceite de oliva es un tesoro

El aceite de oliva es estupendo para cocinar y constituye un elemento necesario para nuestro organismo. En aquellos tiempos también usaban el aceite para las lámparas. Hoy en día, al precio que está, no nos lo podríamos permitir.

La sal...

Cuidado con ella.

El código Da Vinci-tarra

Los mensajes secretos que Leonardo quiso transmitir a la sociedad del futuro se recogen en un solo cuadro del famoso pintor. Se trata del famosísimo lienzo titulado *La última cena*. En él, efectivamente, Leonardo se despachó a gusto y dejó dicho lo que tenía que decir. Lógicamente, el mensaje está escrito en clave y el significado unas veces es más claro que otras, pero siempre inquietante. Para que usted tenga presente el maravilloso cuadro al que nos referimos, hemos incluido una reproducción del mismo.

La última ¿cena?

Si miramos el cuadro, a simple vista descubriremos que se trata de un bodegón. Y no nos referimos al género o al tema del cuadro. Nos referimos al espacio en el que se desarrolla la acción: una mesa como ésa, en la que caben trece comensales por banda, no entra en una bodega normal. Tiene que ser una bodega con una capacidad y una amplitud suficientes como para que se dieran banquetes, bodas, bautizos, despedidas de soltero y despedidas de la Tierra, como en este caso. Vamos, que el garito parece un sitio como muy profesional. Lo que sugiere que esta reunión de amigos no tuvo nada de improvisado. Para conseguir esa mesa un jueves, seguro que había que reservar. ¿Quién lo hizo? A la luz de las lecturas recientes del Evangelio según San Judas parece que Jesús y el propio Judas organizaron el asunto a medias, pero fue Judas quien se encargó de todas las cuestiones prácticas que tanto importunaban a Cristo. Por otra parte, era el único que tenía dinero —las treinta monedas que ya había cobrado— y siempre cabía la posibilidad de que le pidieran una cantidad como señal. Por eso Jesús lo mandó a él a hacer la reserva. De la investigación se desprende que *la última cena no se improvisó y fue en un bodegón.*

La segunda cosa que llama enseguida la atención es el raudal de luz que entra por la ventana del fondo. Claramente se ve que no es la luz de la luna. Ni siquiera una luz cálida propia del atardecer. El sol entra decidido por esa ventana e ilumina con potencia el lateral derecho. Vamos a ver: estamos en la Judea del año 33, más o menos entre los meses de marzo y abril. No hay cambios horarios ni atrasos ni adelantos. *¡Y es de día!* Da Vinci claramente nos está insinuando que de cena nada. Como mucho, podría tratarse de una merienda-cena, que hubiesen quedado a las cinco y media-seis para echar un bocadito y un par de tragos. Pero no parece muy seguro. Conviene recordar que los apóstoles se durmieron como ceporros en el huerto de los olivos. Y, milagros aparte, eso no es seña de una frugal colación. Jesús tenía que estar seguro de que su destino se cumpliría. Por lo tanto, seguro que encargó a Judas que organizara una de órdago. Y vaya si se la organizó.

El último ¿almuerzo?

Lo más probable es que Judas, con buen criterio, dado que los apóstoles tenían todo el tiempo del mundo, organizara un almuerzo; todo el mundo sabe que cenar demasiado no es bueno para la salud. Pero la cosa se le fue de las manos —venga otro traguito, que a gustito estamos, señor, ¡hace cuánto que no comíamos así!...—. En fin, que la sobremesa se alargó demasiado y al final el almuerzo se unió con la cena. Esto no es tan raro. De hecho, es un fenómeno que se da todos los fines de semana en el País Vasco actual. Y, como ya quedó demostrado en *Todos nacemos vascos*, Jesús era vasco.

Da Vinci lo sabía. Por eso pinta la escena en el momento de la empalmada entre el almuerzo y la cena, justo en el instante en el que o retiras el mantel o te lías y te dan las tantas. No hay más que fijarse en lo que hay encima de la mesa: algún plato y muchos mendrugos de pan, que son los restos de la comida. Pero ninguna copa. Parece que el diligente bodeguero ya las había retirado, porque no creemos que Da Vinci pensara que los apóstoles bebían directamente del frasco carrasco. *La última cena fue un almuerzo.*

La disposición de los comensales también arroja alguna pista: están reunidos en grupos de tres. Se ve que las raciones se distribuyeron así: cuatro de ensalada —una para cada tres—, cuatro de pescado... Cristo, sabiendo lo que le esperaba, apenas probó bocado, lo cual preocupaba mucho a sus discípulos.

En realidad la escena dibuja esta inquietud. Felipe parece que insiste al Señor para que deponga de su actitud y coma al menos algo. Santiago va más allá y se atreve a sugerirle que pruebe aunque sea una costillita del cordero que se está asando, mientras que Tadeo, comprensivo, dice con esos brazos abiertos que le dejen tranquilo, que por un día que no coma tampoco va a pasarle nada. En el otro extremo de la mesa Andrés pide calma y añade que lo mejor es esperar y no sacar todavía la col, como insiste en hacer Santiago el menor. Pedro, que habla con Judas, ha iniciado ya su particular calvario de apegos y negaciones hacia el Señor y en este momento está diciendo, no de muy buenas maneras, que si no le da la gana comer, pues que no coma. En el extremo derecho el asombro por la desgana de Jesús es aún mayor. Simón no se puede creer que después del hambre que han pasado por esos caminos Cristo deje pasar una ocasión como ésta... En pocas palabras, el ambiente está ya bastante caldeado como para que sea inicio de celebración y no intermedio de algo. Todos hablando a la vez, a gritos, sin entender nada de lo que va a pasar a continuación.

Y Jesús, a todo esto, se muestra algo ausente, como si estuviera ya en otro mundo. De hecho, lo que está señalando es el mendrugo de pan, como si quisiera decir que con un poco de pan y algo de vino él ya andará el camino.

Pero la clave de todo el asunto está en Pedro: a nada que repasemos su recorrido vital a lo largo de esa celebración, entenderemos todo lo que Jesús y Judas idearon para esa noche.

En primer lugar hay que señalar que Pedro era uno de los apóstoles más queridos por Cristo. Pero también uno de los más protagonistas. Y, además, debía de conocer la estrategia que Judas y Jesús tenían para hacer de un iluminado un héroe. Y le fastidiaba no estar en el ajo. Por eso, cuando Jesús anuncia: «Esta noche uno de vosotros me traicionará», Pedro salta como un resorte: «¿Seré yo, Señor?», porque quería ser parte de la trama, y ni siquiera le importaba hacer el papel del malo, que como dicen todos los actores del mundo es el más agradecido. Pero Jesús puso de estrella a Judas y Pedro se sintió desplazado y no lo pudo soportar; se puso a beber como un descosido y se agarró la manga más impresionante que se recuerda después de la de Noé.

Primero le agarró el pedo violento y, cuando los soldados vinieron a detener a Jesús, le quitó la espada a uno de ellos y le cortó una oreja. Pero Jesús no estaba por la labor de dejarle el protagonismo esa noche y con un milagrito de nada volvió a poner la oreja en su sitio.

Más tarde, viendo que nada de lo que hacía aquella noche le reportaba alguna satisfacción, anduvo perdido, sin reconocer a los amigos, llegando al extremo de negar su relación con Cristo hasta tres veces en plan: «A mí todo me importa un bledo ya», sin darse cuenta de las consecuencias de su actitud.

Pero cantó el gallo, obviamente de madrugada, y entonces Pedro despertó de su aturdimiento y le vino la llorona. «Pero ¿qué he hecho, Dios? ¿Por qué he bebido tanto? ¡Última vez que me pasa!». Fue una noche patética para el pobre Pedro, relegado al papel secundario del buen amigo piripi que sirve de comparsa. Hoy está colocado de portero en el paraíso.

Mientras, Judas es todo un mito. Es la falsedad hecha palabra. El papel más jugoso de *Jesucristo superstar*. El antagonista necesario para que se cumpliera la palabra de Dios: esto ya lo sabía Da Vinci y nos lo dejó explicado en su cuadro. Lo que nunca supo Leonardo es que Judas dejó la cuenta del bodegón sin pagar (véase en la pared del fondo la cuenta clavada). Eso es lo que jamás le iba a perdonar Jesús, que, como buen vasco que era, no podía irse de una taberna sin pagar. Y Judas no tuvo arrestos para presentarse ante Dios-hombre con una cuenta pendiente, y vaya cuenta además: comida y cena. Por eso se suicidó.

Capítulo de regalo
¿Por qué el marido vasco tiene el pelo cada vez más negro y su mujer más rubio?

Éste es uno de los grandes misterios de los vascos, más inexplicable casi que su origen y que los misterios que les contamos al final de este libro. Conrad Aguirre tiene una teoría que parece explicarlo, pero para llegar a ella primero tenemos que adentrarnos en el universo del vasco y su pelo. Acompáñenos.

El vasco y las canas

Así como en otras culturas las canas son sinónimo de sabiduría, para el vasco mirarse al espejo y encontrarse un pelo blanco es una verdadera desgracia. Vamos, que la sabiduría al vasco se la da un buen matojo moruno encima de la frente, un pelo oscuro donde los haya. Y esto es debido a que al hombre del norte le gusta guardar las apariencias, dar una buena imagen de cara a la galería. Y la única cana que el vasco se permite es echar una cana al aire.

¿Por qué Einstein descubrió los agujeros negros y no descubrió el tinte de pelo?

La crisis de los 40 o los 50 en el varón vasco no se asocia al declive, a no poder cumplir con la parienta o a que pronto te acogerán en el Imserso, se refiere al color del pelo. Aunque no se explica que le dé tanta importancia al color de su cabellera cuando al de su ropa no le da ninguna (va todo el año vestido de los mismos tonos: azul, marrón o gris). Sí, también de naranja, pero eso es en julio y si es aficionado al ciclismo.

Aquí en el País Vasco se pueden tener unos bultos en el cuerpo tamaño melocotón en almíbar porque, si en la cabeza el pelo es todo marrón, hay salud y lozanía. En este sentido, la expresión «Tienes buen color» en el norte se interpreta como color de pelo, no como aspecto de la piel.

Einstein era un mangarrán

Por eso para un hombre vasco Einstein era un mangarrán. Descubrió la teoría de la Relatividad y no descubrió el tinte vegetal. Así, en el centro de Bilbao admiran más a gente como José Vélez o Raphael, aunque no sepan lo que es un agujero negro que a científicos de ese otro pelo. ¿Cómo descubrió ese hombre alemán los agujeros negros y no descubrió los tintes de color negro, que estaban más a la vista?

REGLAS DE ORO DEL TINTE VASCO

Todos los hombres que se tiñen siguen una serie de reglas, que curiosamente no acuerdan de antemano; es la naturaleza la que los lleva a hacerlo así. ¿Empujados tal vez por algún gen común? Conrad Aguirre aludió a esto como «el efecto gemelos separados» *(Twins' separated matter)*. Cuando se separa a dos gemelos desde pequeños y se los cría en ambientes distintos, al ir creciendo se observa que tienen comportamientos similares: los dos duermen boca abajo, a los dos les gusta el apio... En el caso de los vascos teñidos ocurre lo mismo: comparten esta serie de singulares costumbres.

El vasco nunca se tiñe en peluquería

Porque la cuadrilla de amigos podría descubrirlo, le encarga a la mujer el tinte del pelo. Después espera a que ella llegue de la droguería con la caja con más ansia que se esperaba al *pony express* en el Oeste. Y entonces... ¡la lía parda!

El vasco se tiñe a solas

Aunque la familia sepa que esa crin de caballo que lleva en la cabeza no es natural, en la casa nunca se hace referencia a ella. Desde la primera teñida se da por hecho que ese nuevo pelo del padre es el suyo y ha sido el suyo toda la vida. Normalmente, aprovecha para darse el tinte cuando no hay nadie en casa o por la noche. El peligro de esta última opción es que con luz artificial no se aprecia igual el proceso y los resultados pueden no ser los deseados.

Un vasco nunca reconocerá que se tiñe

Es muy difícil encontrar a un vasco diciendo abiertamente: «Soy de Farmatint hasta la médula». Para que se hagan una idea, equivaldría a soltar un: «Soy del PP» en una sede de Batasuna; sería muy embarazoso. El vasco mantiene en secreto que se tiñe el pelo, pero de un día para otro es capaz de plantarse en el bar o en el trabajo con el pelo más negro que el alquitrán, como quien se cambia de camisa. Lo lleva en los genes, es muy de todo o nada, pasa de un gris a un negro zaino de golpe y porrazo sin entrar en matices intermedios. Lo bueno es que los amigos con el tiempo se solidarizan —van cayendo— y un buen día en vez de estar ante «la cuadrilla de Antxon» parece que estemos con «los gitanillos de Triana» echando unos potes. Y olé.

El vasco nunca se tiñe de colores claros

Aunque haya sido rubio de joven, siempre se tira a los colores oscuros. El vasco albino no se conoce. Normalmente, las canas en el vasco rubio se confunden con el color de pelo y puede aguantar sin teñirse hasta llegar al ansiado blanco total, pero en general no tiene paciencia y se mete un cobrizo cantarín; así entra en la espiral cromática. Y olé y olé.

LA INICIACIÓN AL TINTE

El marido se inicia en los tintes en cuanto despuntan las primeras canas y algún amigo le dice: «Coño, Antxon, ese trabajo en la caja de ahorros te está envejeciendo». Algunos, por no decir a su mujer que se quieren empezar a teñir como ellas, le roban a hurtadillas su tinte y hacen barbaridades en el cuarto de baño. Después de esto se pueden presentan a cenar con un granate caoba delante de toda la familia y hacer como que no pasa nada. Pero los niños son muy impresionables y pueden advertirlo enseguida:

—Mamá, papá se ha dado un golpe en la cabeza, la tiene roja.

—Que no es papá, que es Massiel. ¿A que sí, mami?

Al ver lo difícil que es teñirse a solas, normalmente optan por confesárselo a la matriarca. Éste es un momento bochornoso, más que admitir que te han echado del trabajo.

—Maite, ¿ya me comprarás eso que te das tú en la cabeza?

Su mujer al día siguiente le trae de la droguería un tono parecido al de su color natural y ella misma se lo aplica. Así pasan varios meses y varias teñidas. Luego él le pide que le enseñe a hacer la mezcla del tinte. Cuando él conoce ese preciado secreto, esa alquimia tan especial, de una parte de color, por otra de crema decolorante, es un mago, es Merlín, ¡es el dueño del mundo!

Ya no necesita más, no necesita a su esposa; tiene en sus manos dos botes de dignidad envasada, a los que se referirá como «el mejunje», que suele guardar en el cajón de su mesilla o donde la ropa, nunca en el baño. Prefiere que la familia vea en el aseo su antihemorroidal que su anticanas.

De lleno en el tinte, o mejunje

Con el pelo teñido el vasco ya es feliz. A la mañana siguiente de haberse dado la preciada mezcla en la cabeza sale a la calle con el pecho henchido saludando a todo el mundo. El problema es que el vasco es más de fuerza que de maña y se tiñe irregularmente; así aparecen los teñidos estilo hiena (a mechones), trucha asalmonada o Dálmata (a pintas) —que a veces se extienden hasta la frente o la patilla en forma de chorretones—, ¿cebra del Sherengueti? Tampoco tiene la paciencia necesaria para seguir los pasos, separando y untando cada mechón, ni para guardar el tiempo marcado en la caja del tinte. Además, una vez que tiene «el mejunje» en sus manos lo usa a diestro y siniestro: semanalmente, diariamente... Así que el pelo empieza a enrarecerse, a quedarse a colores. Hay vascos que cuando les da el sol en la cabeza parecen caleidoscopios, salen destellos de colores por todas partes que incitan a decir «¡qué bonito!».

El color del tinte

Al principio ella le escoge el color más adecuado, discreto, pero a él empieza a parecerle que no es suficiente, le entra «la gula del color». Si la mujer le escogió un 3.6 (castaño natural), él en cada teñida va a aumentar un decimal, pasando a 3.7 castaño medio, 3.8 castaño oscuro... Así hasta el 4 negro negro. Es lo que Conrad Aguirre bautizó como el complejo Pocahontas o pelo a lo indio. Algunas mujeres vascas que se han ausentado un mes del domicilio por estar de vacaciones han vuelto a casa y se han encontrado por el pasillo algo negro que parecía un toro cuando sale de chiqueros.

Del susto se han vuelto para Torremolinos. Y, ciertamente, es un drama que viven muchas mujeres en el País Vasco: «Mi marido se metió en el tinte hace veinte años y no ha logrado salir de él. Está enganchado», «Peio consume unos tres frascos al mes», «El mío empezó con una loción anticanas... Dios quiera que no pase a mayores», «Yo tenía un marido y ahora a mi lado duerme alguien a quien no reconozco. Es como Ebo Valdés. Y está nacionalizando todo el alquitrán del barrio».

Y así les podríamos enseñar cientos de testimonios, «Mi vida con Mowgly», «Amiga, escóndele la henna» (donde una mujer cuenta el drama de su marido, que se compró un bote de henna y dejó la casa que ni en la riadas del 82: charcos coloraos, toallas marrones, paredes marcadas... La mujer dice: «Yo le advertí que los indios pueden consumir henna porque llevan siglos haciéndolo, controlan bien... A él le pudo lo de "tiñe sin estropear"»), etcétera. Pero dejemos una puerta abierta a la esperanza o cuando menos a que se ponga de moda la visera, que como bien dice el refrán «Ojos que no ven...».

LA TEORÍA DE CONRAD SOBRE EL PELO VASCO

Y llegamos al misterio de partida: el marido vasco conforme pasan los años cada vez tiene el pelo más negro y la mujer, cada vez más rubio. Al final de sus días los dos lo tienen blanco. Cojamos como ejemplo un hombre castaño y una mujer castaña, que son los tonos más comunes aquí. Vamos a ver cómo tienen el pelo él y ella en las diferentes etapas de su vida. (Nos saltamos la etapa adolescente liberal de ella con pelos violáceos, fucsias... y la etapa del divorcio y los pelos coloraos).

	A los 20-30	A los 40-50	A los 60	De 75 en adelante
Pelo del hombre	Marrón	Marrón oscuro	Negro	Blanco
Pelo de la mujer	Marrón	Marrón claro	Rubio	Blanco azulado

La única luz que pudo arrojar Conrad Aguirre sobre este misterio, de por qué esa tendencia del vasco a la oscuridad en el pelo, fue que en algún momento de su historia los vascos, que, según les contamos en *Todos nacemos vascos* (página 119), inventaron el tinte del pelo, en realidad importaron la adoración por el pelo negro de otro lugar. De América vinieron el cacao y el tabaco, pero hay otros pueblos en la Tierra donde el hombre persigue la negrura del pelo toda su vida: LOS EGIPCIOS. Algún navegante autóctono debió de acercarse al Nilo e introducir esta moda en la tierra de los vascones. Para más datos, los egipcios no cuentan tampoco con ningún albino en sus filas. Además, les gusta levantar piedras como a los vascos, aunque no sea por placer, sino para hacer pirámides. ¿Sería Tutankamon de tinte vegetal o de tinte clásico? Y esa nariz de Cleopatra...

Novena parte

Mitos y leyendas del planeta de los pintxos

Hay mucha leyenda

Hasta aquí todo lo que le hemos contado es cierto, comprobado, demostrable, pero hay cosas que rodean el universo vasco, que se apoyan en un mito o en una leyenda, que usted también debe conocer...

¿POR QUÉ LA MUJER VASCA NO QUIERE QUE SU MARIDO VAYA SOLO AL MÉDICO?

Si algo caracteriza al hombre vasco, aparte de su nobleza y bondad, es la hipocondría o miedo a la enfermedad; pero un chicarrón del norte prefiere que le reviente el bulto que tiene debajo del sobaco que acudir al matasanos a que le hable de esa protuberancia cárnica y le impida seguir haciendo su plan de vida normal: las cenitas y el txikiteo con la cuadrilla, los almuerzos... Así, vivirá aparentemente tranquilo eludiendo cualquier encuentro molesto con la medicina, hasta que el cuerpo aguante o hasta que se vea irremediablemente obligado... por su mujer.

—Peio, a ver si vas al médico, que esa tos que tienes es muy fea.

—Que no es nada, cariño.

Y Peio acaba en contra de su voluntad sentado delante «del enemigo», su médico de cabecera, ese que le quiere quitar sentido a su vida, a golpe de análisis, de prohibiciones, de restricciones, de control... Pero lo peor viene después de la consulta: dar «el parte médico» a la mujer.

—Peio, ¿y del tabaco qué te ha dicho?
—De eso no me ha dicho nada.
—¿Y del colesterol qué te ha dicho?
—No, de eso no me ha dicho nada.
—¿Y del azúcar no te ha dicho nada?
—No, de eso tampoco.
—Peio, mejor voy a llamar al médico.
—Me ha dicho que no le llames.
—No, de eso no te ha dicho nada... ¿Doctor Mendiburu?

Aparte de la frase «Me ha dicho que no le llames», hay otras *frases estratégicas* que ellos utilizan (después del «sí quiero» es lo primero que aprenden a decir). Por ejemplo: «Qué médico más majo». Ésta la suelen usar muchos maridos como inicio de la conversación, es una «frase obstaculizante» o «frase freno» para despistar a la esposa y no entrar en materia.

—Qué médico más majo el doctor Mendiburu...
—Ya, pero ¿qué te ha dicho de lo tuyo?

Algunos ejemplos de «frases-freno» serían: «Media hora me han hecho esperar», «Ya está lejos el ambulatorio, ¿eh?», «Me ha dicho que me vigile un poco», «Me ha dicho que haga vida normal», «Al final, el mejor médico es uno mismo».

Son herramientas para ganar tiempo nada más, para alargar el momento en que la mujer decide acompañarlo a la consulta del doctor.

—Peio, vamos a ir los dos a ver al médico majo. Hale, cámbiate de camiseta.

¿ES CIERTO QUE UN HOMBRE VASCO NUNCA SE COMPRA ROPA?

Ésta es la manera que tiene el varón vasco de comprarse ropa: la mujer anuncia al marido: «Los tienes en la cama». Entonces éste entra en su cuarto y los ve, a los cinco recostados encima del colchón, cinco pantalones de tergal en cinco tonos y cinco calidades distintas. «Te los pruebas y me dices con cuál te quedas». Él se pone malo, a duras penas empieza a calzarse las diez piernas a intervalos de dos y se va mirando al espejo: «Qué mal sientan los pantalones nuevos, coño», «¿Por qué quedan tan enormes?», «Qué perneras, Dios, si parezco un paquidermo». Tras las cinco probadas a él todos le parecen iguales, en todos queda la barriga por encima de la cinturilla (sea cual sea su tipo de barriga), vamos que le da igual uno que otro; bueno, menos el amarillo que es de maricas. Hace una rifa: «Pito, pito gorogorito, dónde vas tú tan bonito...». Y la suerte está echada: «¡Éste!». Después de media hora de sudores, de quita y pon y mírate, ya hay fumata: ha salido el gris marengo. Y comunica a su señora esposa la noticia. Ella le salta con un: «No, ése no». El marido se queda blanco: «¡¿Por qué?!». «Porque tienes uno igual, soso». Y él ya no entiende nada: «¡¿Entonces para qué me traes?!». La mujer no le da explicaciones: «Hala, pruébate el verde que te cojo el bajo».

¿El castellano lo descubrieron los vascos?

Efectivamente, ésta es la revelación que usted estaba esperando: el castellano lo inventaron los vascos sin duda alguna. Y para hacer esta afirmación no nos basamos en hipotéticas teorías territoriales —el castellano nació al norte de Burgos cerquísima de Bizkaia— ni en sesudas disquisiciones fonéticas —el castellano no distingue entre *b* y *v* y sólo tiene cinco vocales, como el euskera...

Los vascos y el flúor

Hoy en día los vascos poseen las mejores dentaduras del planeta, incluso en la edad de usar pañales para adultos, claro que no siempre fue así. En su maravilloso ensayo *Los vascos y el flúor* Conrad Aguirre analiza la situación anterior a la aparición de los dentífricos: «Las aguas de los ríos vascos son muy pobres en flúor. Sin los cuidados actuales es muy posible que el vasco altomedieval a partir de los 30 años tuviera las encías como para alimentarse exclusivamente de sopitas. Especialmente sensibles a esta carencia del flúor son los incisivos superiores e inferiores». O sea que, a diferencia de los tiempos actuales en los que cualquier jubilado puede pasear su moreno surfero vestido con bermudas y sonreír con más dientes que Zaplana, el vasco antiguo sorbía la comida con pajitas, tenía los labios para dentro como el abuelo Cebolleta y le costaba dios y ayuda pronunciar la *f*. Esto trajo consigo un descubrimiento de dimensiones colosales.

Le proponemos un sencillo juego para que usted pueda experimentar un viaje al pasado y a la vez entender cómo nació el idioma de Cervantes. Le proponemos *el juego de la F*.

El juego de la F

Éste es un juego de rol. Tranquilo, que tampoco es para tanto. Piense que casi la mitad de los adolescentes han jugado alguna vez y, salvo los descerebrados de siempre, la mayoría salen bien parados. ¿Se va a quedar usted sin probarlo?

Como en todo juego de rol, usted tiene que cambiar de personalidad: representará a un aldeano o casero del siglo I después de Cristo, que va al molino a que le muelan una carga de grano.

En el molino se encuentra al invasor romano, que como buen invasor sólo se preocupa por el control de la industria local; a la sazón, la industria molinera. (Este papel puede ser representado por alguien de su familia).

En el momento del encuentro usted, que es el aldeano, intenta explicar al usurpador latino en su lengua —el latín vulgar— que quiere hacer del grano *farina*, como se decía en latín. Ahora, eso sí, trate de decirlo sin usar los dientes, solamente con los labios, como debían de decirlo aquellos vascos desdentados. ¿Qué le sale? «Harina». Inténtelo las veces que haga falta. Si lo hace sin trampas descubrirá que sin dientes no se puede pronunciar una *f*.

Sigamos adelante. El casero ya ha molido su grano y ha conseguido su —pronúnciese sin dientes— *farina*. Ahora, como tiene hambre, quiere hacer pan y para ello debe llevar *farina* al *fornus*, que, como buen sistema de producción que es, también está en manos del invasor romano. Toca en la puerta de la tahona, abre el romano, y aquí le vamos a proponer una pequeña conversación entre el vasco y el romano. El vasco dice: «Aupa tú, romano» —y ahora viene lo importante—. «Volio facere cum farina panem in forno». Eso es lo que quiere decir en su latín de indio de las praderas vascas. Pero, como no tiene dientes debido a la ausencia de flúor en los ríos vascos, ¿qué es lo que dice en realidad? Haga usted la prueba: procure pronunciar esa frase latina sin utilizar los dientes. ¿Qué le sale? «Volio hacere cum harina panem in horno». Dése cuenta de lo cerca que estamos ya del castellano. Quitando el verbo, ya lo reconocemos todo.

Esto es un descubrimiento sensacional porque la desaparición de la *f* inicial es el rasgo más característico de la fonética de la lengua castellana, y la culpa la tiene la falta de flúor en los ríos vascos; luego, el castellano es tan vasco como la lengua de Aitor.

¿Existe el triángulo de las Bermudas vasco?

Existe la leyenda, aún no probada, de que cerca del País Vasco hay una zona donde la gente desaparece sin ninguna explicación, algo similar al famoso triángulo de las Bermudas, donde las personas quedan atrapadas sin poder salir. Este embudo está delimitado por estos puntos en el mapa: Fuenmayor, Santo Domingo de la Calzada y Mendavia.

Estudios realizados muestran que las fechas en que ciertas personas desaparecieron curiosamente coinciden con años de excelentes añadas de vino. Quizá no tenga nada que ver, pero ésta es la lista de añadas de vino navarro y riojano y lo que ocurrió:

	Añada	Desaparición
1964	Excelente	Anselmo Echevarría, 52 años
1978	Muy Buena	Patxi Ubalburu, 45 años
1996	Muy buena	Una cuadrilla de 10 hombres de Bilbao (encontraron su microbús vacío)
2001	Excelente	Comité suizo para el estudio del clima vasco (aparecieron los objetos meteorológicos nada más)
2004	Excelente	Dos matrimonios de Guipúzcoa, M. J., A. M. y P. E., F. D.

Éstos son los oficialmente registrados, pero seguramente hay más. ¿Mito o realidad? Quién sabe. De momento ninguno de ellos volvió a aparecer. Tan sólo tenemos el testimonio de una persona que se adentró en el triángulo de las Bermudas vasco en el año 1952 y logró salir 50 años después, pero sus palabras no son nada aclaratorias: «Sólo sé que me metí con el coche en aquel territorio... y ya no me acuerdo de nada más», Mikel Unzúe, 75 años.

Mikel Unzúe ha vuelto a desaparecer en el año 2006, que casualmente promete ser un año de buena cosecha.

¿La leyenda de la mujer que aparece en la curva es cierta?

No nos atrevemos a decir que sí, que es cierta, pero tenemos un documento extraído de un parte de la policía autonómica que puede arrojar luz sobre este misterio.

«Declaración de Asier Altuna, 27 de agosto de 1995. Carretera de Deba N-634: "Todo ocurrió el sábado por la noche. Salí de la discoteca sobre las seis de la madrugada y cogí el coche para dirigirme a casa. El viaje de regreso se me solía hacer bastante duro, ya que es muy monótono y casi siempre iba con sueño a esas horas. Lo único que me mantenía algo despierto era pensar en la leyenda de la mujer que, según decían, se aparecía por esa zona en una curva. Se comentaba que vestía de blanco y, cuando se subía en el coche, te señalaba una curva, te decía que ella se había matado allí y, acto seguido, desaparecía. Varios vecinos del pueblo aseguraban haber vivido la extraña experiencia, y yo también quería encontrarme con ella. De repente, delante de mis ojos aparece una mujer haciendo autoestop. Era una mujer misteriosa, alta, delgada, y de pelo rubio. Paré el coche y la invité a subir. Yo estaba emocionado; por fin, iba a vivir el misterio de la mujer de la curva del que tanto había oído hablar. La mujer, sin articular palabra, se subió al coche y se sentó en los asientos traseros. Reemprendí la marcha sin quitar el ojo del espejo retrovisor. Cuando llegamos a la siguiente curva, ella la señaló y dijo: '¿Ves esa curva?'. Y yo, que me sabía la historia, le contesté: 'Sí, es en la que te mataste, ¿eh?'. La miré para ver cómo desaparecía, pero cuál fue mi sorpresa al ver que ella seguía allí, y me dijo: 'No, tonto, en esa curva es donde vamos a parar para echar un polvo tu y yo'. Empecé a temblar de miedo. No sólo no desapareció, sino que proponía sexo. Paré el coche y con voz entrecortada le dije que lo sentía mucho y que no tenía dinero para pagarle. Ella sonrió y me dijo que no era una profesional, que le había entrado un calentón, nada más. Mi pulso se aceleró y empecé a sudar. Me pellizcaba porque aquello no podía estar ocurriéndome a mí. La mujer se empezó a quitar la ropa y me invitó a pasar a los asientos traseros. Lo que ocurrió a continuación prefiero no contarlo porque no se lo iba a creer ni Iker Jiménez. Para muestra, mire el chupón que tengo en el cuello, señor agente"».

¿Leyenda o realidad? Saquen sus propias conclusiones.

¿PUEDE UN VASCO ESCRIBIR UN RELATO X?

Sí, amigo lector, ha leído usted bien: un relato X, un signo que leído en la antigua Roma significaría que estaríamos ante el relato décimo de cualquier manuscrito, pero que leído lejos del imperio del César significa que tenemos que sujetar el libro con una sola mano (chiste de difícil comprensión; la solución en las páginas finales).

El relato que viene a continuación es lo más osado que un escritor vasco ha conseguido en el género erótico. Resultó premiado en el primer certamen de literatura erótica y bacalao Villa de Bilbao.

«Aquel día me apetecía volver a sentir placer. Siempre me había considerado una mujer decidida, así que salí a la calle con la única idea de conseguir mi objetivo. Quería toparme con alguno que estuviera bueno y que mereciera la pena. Aunque era consciente de que eso me acarrearía tener que luchar con algunas contrincantes que saldrían a lo mismo.

Tras haber andado de un lado para otro, llegué al sitio ideal y al final lo encontré; estaba allí. Él no me podía ver, pero yo no le quitaba ojo. Quería llevármelo a casa para satisfacer esas ansias que me estaban atormentando. Tenía algo de pluma, pero yo me encargaría de quitársela en un santiamén. No pasó ni una hora y ya estaba en casa con él. Se acercaba el gran momento y yo quería que aquella vez fuera diferente. Estaba harta de siempre lo mismo. Me apetecía hacerlo en la cocina. Encima de aquella mesa iba a haber más placer que en la película de *El cartero siempre llama dos veces*. Mi cabeza no paraba de maquinar cosas. También embadurné todo su cuerpo con mantequilla, algo que también había visto en otra película de Marlon Brando.

Tenía un cuerpo fibroso. Dos muslazos de llamar la atención y se le podía ver una especie de tatuaje en un costado. Cada vez que lo miraba se me hacía la boca agua. Yo quería empezar cuanto antes y me iba poniendo cada vez más ansiosa, pero él se iba calentando poco a poco. Cuando noté que ya estaba a punto, no esperé más y lo puse encima de la mesa. Pero en ese momento tan trascendental surgió un imprevisto: sonaron las llaves de la puerta de casa. Era Vanesa, mi compañera de piso. Yo no sabía qué hacer, pero no había tiempo que perder y la invité a que viniera y disfrutara conmigo.

Muy pocas veces habíamos hecho esto juntas. Vanesa se acercó a la mesa y sin darme explicaciones de ningún tipo, ya que a la vista estaba y no hacía falta, empezamos con él. Vanesa había llegado en el momento ideal, cuando más caliente estaba. Y por fin empezó el festín. Empecé a lamer su piel poco a poco, mientras Vanesa le daba pequeños mordisquitos en el muslo y luego se pasó a la parte trasera; era lo que más le gustaba. Yo ataqué otra parte que se encuentra un poco más adelante. La agarré y lentamente la introduje en mi boca. Me lo tragué todo. Las dos acabamos con todo metido dentro y gimiendo de placer. Qué bueno estaba aquel marine estadounidense». (¡Que no, que era un pollo; habías imaginado bien!)

¿EXISTEN LAS PREGUNTAS PARA EL REFERÉNDUM SOBRE SOBERANÍA?

Dice una leyenda urbana que las preguntas para un posible referéndum para la independencia de Euskadi están ya escritas. Esa misma leyenda sostiene que fueron encargadas por un representante del Gobierno vasco al diseñador de laberintos de las películas de Harry Potter. Son éstas.

Propuestas de pregunta para el futuro referéndum vasco

- ¿Quiere usted que Euskadi sea independiente pero que nos dejen seguir participando en la Liga española de fútbol como lo venimos haciendo hasta la fecha? El año que tengamos buenos jugadores hacemos selección nacional propia y el año que no haya buena cosecha nos integramos en la estatal; sin emocionarnos al escuchar el himno, claro.
- ¿Quiere usted que Euskadi sea independiente los días laborables y los festivos seamos un estado libre asociado a España para que ir a la segunda vivienda no se convierta en un viaje al extranjero? Ah, y lo del fútbol, por supuesto.

- ¿Quiere usted que Euskadi sea independiente menos el día de Eurovisión para no tener que mandar a ningún pariente o conocido a hacer el ridículo? Ah, y lo del fútbol, por supuesto.
- ¿Quiere usted que Euskadi sea independiente siempre que La Rioja y Jabugo se consideren territorios de libre digestión, digo anexión? Ah, y lo del fútbol, por supuesto.
- ¿Quiere usted que Euskadi sea independiente pero que los que tenemos parientes en algún pueblo de España podamos ser españoles mientras estemos en dicho pueblo, que ya es difícil entenderse con el cuñado; cuánto más si es extranjero? Ah, y lo del fútbol, por supuesto.
- ¿Quiere usted que Euskadi sea un país independiente pero que podamos seguir optando a becas, subvenciones, ayudas e indemnizaciones, y presentándonos a oposiciones para funcionario del Gobierno español, más que nada para no perder las buenas costumbres? Ah, y lo del fútbol, por supuesto.

¿EXISTE UN HORÓSCOPO VASCO?

Sí, los vascos, al igual que los chinos, tienen su propio horóscopo. Está constituido por doce signos diferentes a los del horóscopo tradicional pero que coinciden con éste en las fechas. Y es que el vasco no es muy amigo de constelaciones: todo lo que se encuentra por encima del monte Gorbea le trae sin cuidado. Los signos del horóscopo vasco están definidos por lo que realmente le importa: los productos de la temporada. Por ejemplo, un nacido el 16 de abril, un Aries en el horóscopo tradicional, en el horóscopo vasco su signo sería Espárrago. Otra característica importante de este horóscopo es que sus predicciones duran para toda la vida: el vasco no es amigo de grandes cambios. ¿Y por qué incluyen los periódicos en sus páginas finales el horóscopo tradicional a diario? Es una buena excusa para mirar de reojo a la sección de relax, que suele estar por ahí cerca. O sea que, cuando un señor de Bilbao le está leyendo en voz alta el futuro a su mujer que es Géminis, con el otro ojo está apuntando el teléfono de «Vanesa, foto real».

Seguidamente le presentamos el horóscopo vasco. Entre paréntesis aparece el signo del horóscopo tradicional.

Espárrago (Aries) 21 de marzo al 21 de abril
Los nacidos bajo este signo son de «tierra, trágame»: muy vergonzosos y de mucho miedo al ridículo. Introvertidos, siempre para dentro. Tienen facilidad para centrarse en sus asuntos personales, ya que muy poquitas personas del sexo opuesto se van a cruzar en su camino a lo largo de su vida. Tienen tendencia a engordar.

Antxoa (Tauro) 22 de abril al 21 de mayo
Personas muy apasionadas por su aspecto físico. Raro es ver a un Antxoa que con el paso del tiempo no se conserve bien. Personas muy desenvueltas y organizadas que pueden convivir en espacios reducidos y con mucha gente sin dar problemas. Tienen tendencia a engordar.

Perejil (Géminis) 22 de mayo al 21 de junio
Por su carácter les gusta estar en todas las salsas. Nunca pasan inadvertidos y siempre se dejan ver. Congenian muy bien con la mayoría de los otros signos pero muy especialmente con los Chuletas. Tienen tendencia a engordar.

Parrilla (Cáncer) 22 de junio al 22 de julio
Les encanta organizar cosas; sobre todo, comidas y cenas. En el amor son de mucha pasión, son de esas personas que «llevan el fuego dentro». Enseguida se queman por cualquier cosa. Congenian muy bien con Sardinas, Chuletas y Cerdos. Tienen tendencia a engordar.

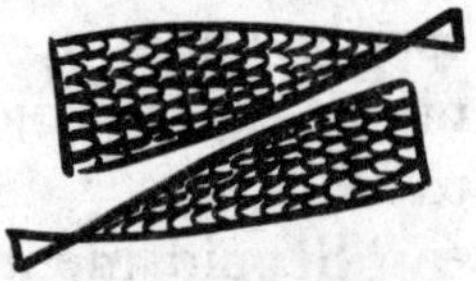

Sardina (Leo) 23 de julio al 22 de agosto
Los nacidos bajo este signo tienen muchas similitudes con el signo Antxoa. Personas que no saben estar solas. Siempre muy rodeadas de gente allá adonde van. En el amor siempre les gusta que los capturen. Tienen tendencia a engordar.

Uva (Virgo) 23 de agosto al 22 de septiembre
Los Uvas son de gran magnetismo, de gran compañía. En ocasiones no se puede vivir sin ellos. Alegran las fiestas. Aunque su punto débil es no saber conectar con los más pequeños. A veces se dejan pisar. Tienen tendencia a engordar.

Seta (Libra) 23 de septiembre al 22 de octubre
Personas muy caprichosas. No soportan los cambios bruscos de tiempo. Tienen tendencia a la depresión. Ausentes. Muy extremistas: o muy buenas o muy malas. Son tercas y cabezonas. Les gusta discutir, sobre todo con sus amigos más íntimos acerca de quién es el que compra el mejor vino. Tienen tendencia a engordar.

Cerdo (Escorpio) 23 de octubre al 22 de noviembre
Personas a las que les gusta sacar provecho de todas las cosas o de las personas. El romanticismo no es su mejor aliado. No cuidan mucho su salud y su aseo personal. Arriesgan mucho y se «tiran al barro» con cualquier cosa y en cualquier situación. Tienen tendencia a engordar.

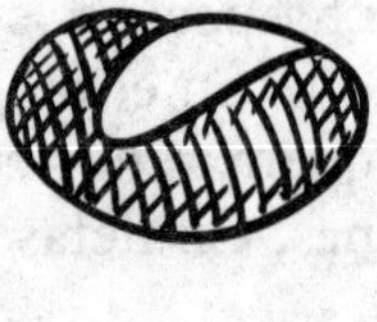

Castaña (Sagitario) 23 de noviembre al 21 de diciembre
Tienen un grandísimo corazón, pero para conquistarlo hay que descubrir varias capas.

Son personas hogareñas, melancólicas. Amantes de la naturaleza. Tienen tendencia a engordar.

Angula (Capricornio) 22 de diciembre al 20 de enero
Personas muy apreciadas, muy puntuales e inquietas. Apenas se dejan ver en acontecimientos sociales. Congenian bien con Antxoas y Sardinas. Tienen tendencia a engordar.

Sidra (Acuario) 21 de enero al 20 de febrero
Tienen mucha personalidad. Son falsas; te van tendiendo su mano poco a poco, pero luego te pueden jugar muy malas pasadas. La relación con su madre las marca mucho y les deja muchos posos. Suelen tener problemas de próstata. Tienen tendencia a engordar.

Chuleta (Piscis) 21 de febrero al 20 de marzo
Les gusta ser el centro de atención en cierto tipo reuniones. La gente habla muy bien de ellas o por lo menos siempre reciben alguna mención especial. También son odiadas por una minoría. Congenian muy bien con las personas del signo Perejil. Suelen sentir el flechazo amoroso con las personas del signo Parrilla. Tienen tendencia a engordar.

décima parte

LA parte final

La verdadera historia del planeta de los pintxos

Y llegamos al final de este recorrido por el planeta de los pintxos, donde lo hemos animado a recordar su *vasquitud* e incitado a poner un vasco o una vasca en su vida; así redescubrirá el universo de los vascos, situado en «la mejor esquina del mundo», esa orilla del Cantábrico llamada Euskadi, País Vasco, Euskalherria... (que a veces se extiende hasta La Rioja o el Levante español) y que usted tenía olvidado. Si uno viene a la Tierra a vivir experiencias, por qué no buscar *el lugar* donde las cosas sean más placenteras y ver el mundo con otros ojos, con otra amplitud. No hay distancia a ningún punto si uno siente que no la hay: una parrillada en Argentina está a pocos kilómetros. Que algunos temas requieren esfuerzos, como integrarse en la familia de tu pareja o vivir con un hombre tipo Seta (o una mujer *Superwoman)*, sí, pero, ¿qué es la vida sin retos, sin alicientes, sin lanzarse a jugar? Hay que soñar con la posibilidad, sin ponerse límites, como aquel vizcaíno que, emulando a esa ardilla que cruzó la península saltando de árbol en árbol, quiso unir la península Ibérica de norte a sur con bares para saltar de bar en bar desde San Sebastián hasta Cádiz. No olvidemos que cada uno de nosotros somos dioses, creadores; nosotros decidimos si queremos ser felices. La *vasquitud* que lleva dentro le recuerda que usted se merece lo mejor. Puede creer ser un extraño en un planeta invadido por gentes hostiles, pero no, la realidad es que usted vive en el planeta de los pintxos, y ese planeta es el suyo, y siempre lo fue, aunque algunas nuevas costumbres y la globalización le vengan diciendo lo contrario. Ese señor que lleva el pintxo en la mano habla la lengua que usted inventó porque no podía pronunciar la *f*. Decida si quiere ser un extraño en su planeta o vivir como el dios que es. El pintxo es algo pequeño pero sabroso y grande a la vez; ya nos lo mostró Jesucristo, que dio de comer a una multitud a base de pintxos de trucha. El planeta de los pintxos es eso, ese pedacito de algo chiquito y gigante a la vez, sencillo pero completo, tentador, con esencia; eso resume la esencia de «la mejor esquina del mundo» y a usted mismo. ¡Que aproveche!

Houston, perdemos conexión, Houston...

Bibliografía

AGUIRRE, Conrad, *Orines salvajes*.
—, *Los vascos y el ligue*.
—, *La cadera de los vascos. Razones de una inmovilidad*.
—, *The Family in Spain*.
—, *El cuerpo de los vascos, un planeta desconocido*.
—, *Los vascos y el flúor*.
—, y amigos, *Todos nacemos vascos*.
VV. AA. (entre los que no está Conrad Aguirre), *La Biblia*.

Nota de los autores

Los autores de este libro están en condiciones de afirmar que escribirán un tercero, donde le desvelaremos que Conrad Aguirre es un seudónimo de un personaje muy conocido. Aunque siempre cabe la sorpresa, la temática se la pueden imaginar. Si la cubierta del primer libro fue verde y la de éste también, ¿de qué color será la tercera? ¿Y quién saldrá en la foto? ¿Hasta dónde le habrá crecido el pelo? Hay muchas incógnitas que se resolverán en su debido momento. Lo que sí podemos decir, a día de hoy, es que probablemente será publicado en esta editorial.

Nota del editor

¿Cómo que «probablemente»?